Eugen Roth
München – so wie es war

Fotografierte Zeitgeschichte
Droste

Ein Bildband von
Eugen Roth

MÜNCHEN
so wie es war

Droste Verlag

CIP-Kurztitelaufnahme der Deutschen Bibliothek

München – so wie es war: e. Bildbd. / von Eugen Roth.
– 3. Aufl. – Düsseldorf: Droste, 1985.
(Fotografierte Zeitgeschichte)
ISBN 3-7700-0670-4
NE: Roth, Eugen [Bearb.]

3. Auflage 1985

Gesamtherstellung: Rheindruck Düsseldorf GmbH
ISBN 3-7700-0670-4

Einleitung

Es war einmal ... so beginnen die Märchen – und auch wir könnten von uralten, verschollenen Zeiten erzählen und Bild um Bild vorlegen. Aber über dieses historische München gibt es Bücher über Bücher, und die Stadt, wie sie *heute* sich zeigt, ist in abertausend Farbaufnahmen festgehalten; und so wollen wir uns damit bescheiden, einen Rückblick auf die Stadt zu werfen, wie ihn jeder gebürtige, noch unter uns lebende Greis von siebzig, achtzig Jahren tun kann, dessen Erinnerungen noch tief genug in das alte, ja biedermeierlich anmutende München zurückreichen.
München seit der Jahrhundertwende, das ist, soweit es sich im Bild zurückblenden läßt, der Umgriff unseres Buches; denn auf das *lebendige* Gedächtnis kommt es uns an, nicht auf die Aufzeichnungen von Verstorbenen, nicht auf die Darstellungen verklungener Jahrhunderte.
Gleichwohl soll in unserm Vorwort – mag es auch ein eiliger Leser oder vielmehr nur Bildbetrachter überschlagen – das Wichtigste darüber gesagt werden, *wie München wurde und wie es ist;* denn wie sollte einer die kurze Spanne, die zu zeigen wir uns anschicken, recht begreifen und einordnen, ohne zu wissen, aus welchen Zeiträumen und Gestaltungskräften die Stadt heraufwuchs aus den Jahrhunderten und welcher Zukunft sie, nach menschlichem Ermessen, entgegengeht.
München steht, wie alles Gewachsene, heute auf der bayerischen Hochebene, am Ufer der Isar, als könnte es nirgendwo anders stehen – und doch hat des welfischen Herzogs, Heinrichs des Löwen Willkür vor rund achthundert Jahren die gemütliche, im Grund immer friedfertige Stadt hierhergestellt, keineswegs an einen Platz, der, wie Goethe von Regensburg sagt, eine Stadt herbeilocken mußte. Um die Salzstraße nebst Münze und Zoll dem Freisinger Bischof zu entreißen, hat der Herzog die Brücke bei Föhring zerstören und wenige Meilen weiter südlich, bei einer Siedlung » zu den Mönchen «, eine neue schlagen lassen. Die Stadt, allsogleich ein Umschlagplatz des ganzen Landes, wuchs »schier maßlos« auf dem bescheidenen Hochuferhügel, auf den die Andacht bald ihr Haus stellte – heute noch als der » Alte Peter « das Herzstück Münchens.
Die Wittelsbacher, die 1180 mit Bayern belehnt wurden, wählten die Stadt zu ihrem Sitz. Ludwig der Bayer brachte ihr den Glanz der deutschen Kaiserkrone. 1319 schuf er den Mauerring, von dem einige Tore noch stehen und der bis zum Ausgang des achtzehnten Jahrhunderts weit genug war, München zu umschließen.
Drei große Kräfte bauten gemeinsam die Stadt auf: Der Hof, dessen Residenz abendländischen Rang gewinnen sollte, die Kirche, die München zu einem deutschen Rom machte, und das Bürgertum, das seine stolzen Häuserzeilen am Markt und die Handelsstraßen entlang reihte. Das alte Rathaus ist heute wohl die glanzvollste Erinnerung an das gotische München. Im siebzehnten und achtzehnten Jahrhundert kamen dazu die Adelspaläste, deren vornehme Pracht noch die Älteren von uns fast unzerstört gesehen haben. In Kriegen, aber mehr noch im Frieden, wurde vieles vernichtet; gleichwohl ist an glücklichen Fügungen kaum eine andere Stadt reicher gewesen, alles schlug ihr zum Guten aus, und wäre es nur, daß das Notdach der Frauentürme – die welschen Hauben – zu ihrem Wahrzeichen geworden ist.
München überflügelte schon im Mittelalter um tausend Jahre ältere, weltberühmte Reichsstädte. Immer schon war eine unbändige, nicht zuletzt eine bäuerische Kraft in dieser Stadt; der Zünftestreit lief glimpflich ab, kein Glaubenshader erschütterte sie. Um 1500 schon war sie ein Hauptort der Kunst, eine Stadt der Feste und der Gastfreiheit. In mehreren Wellen kam Italiens Kunst über die Alpen, zuletzt gipfelte in der französischen Leichtigkeit von Cuvilliés, dem Schöpfer der Amalienburg und des Residenztheaters, die unermüdliche Bautätigkeit der Kurfürsten. Kaum eine andere Stadt hat sich so großartig Fremdes zu eigen gemacht; und immer wieder waren es einheimische, altbayerische Grundkräfte, die dieses Fremde durchdrangen, der Stadt ihr Gepräge gaben und zuletzt das Zaubernetz des Rokoko über das ganze Land warfen. König Ludwig I., schon als närrischer Kronprinz verspottet, stellte kühn seine Bauten vor die Tore der Altstadt ins freie Feld; es darf hier wohl gesagt werden, daß manches in München trotz den Münchnern geschehen ist, gestern wie heute, freilich nicht immer so zum Segen der Stadt wie unter Ludwigs beharrlichem Willen. Er schuf jene Stadt, die gesehen haben mußte, wer sich rühmen wollte, Deutschland gesehen zu haben. Nicht als ob München vor ihm – wie so viele flüchtige Beschreiber glauben machen wollen – ein Dorf gewesen wäre: Aber erst er hat, der Freund der Griechen, der

Kenner Italiens, München zum Isar-Athen gemacht; die Ludwigstraße, der Königsplatz brachten jenen Hauch von Freiheit, der Geheimnis und Ruhm Münchens geblieben ist. Den großartigen, wohlbedacht gemehrten Kunstschätzen seiner Ahnen baute dieser sein Jahrhundert als Mensch und Fürst überragende Mann gültige Heimstätten, dem Theater schenkte er ein herrliches Haus.

Unter Maximilian II., und noch einmal unter dem Prinzregenten, stieß München in zwei Prachtstraßen bis an die Isar vor und eroberte sich so seine eigentliche Landschaft, als wäre erst durch seine Bindung an das hartklare, grüne Alpenwasser das ganze München von heute geworden. Die Stadt wuchs und griff um sich – und doch ist es gut, sich einmal recht zu vergegenwärtigen, daß sie vor hundert Jahren nur den zehnten Teil des heutigen Umfangs besaß; ja, noch um die Jahrhundertwende, als sie eine halbe Million Einwohner fast bestürzend rasch erreicht hatte, gingen wir Kinder an Gärten und Wiesen entlang, wo nun längst eine steinerne Welt steht. Und wir alle wären überrascht, wenn wir uns auf einen Schlag vergegenwärtigen könnten, was in jenen zwei Jahrzehnten vor dem ersten Krieg alles gebaut wurde. Die Stilkraft der großen Zeit schien seit der Jahrhundertmitte verlorengegangen, im ganzen Abendland. Aber immerhin blieb München vom schlimmsten Unheil fast verschont, ja, es hat noch mit den Justizpalästen, dem Nationalmuseum, einigen Kirchen und Schulen, zuletzt mit dem Deutschen Museum, bedeutende Bauten in sein Stadtbild gefügt. Den schrecklichen Zerstörungen des Bombenkrieges folgte ein Wiederaufbau, der vielfach zu einer völligen Neugestaltung wurde; er darf als eine große Leistung gerühmt werden, ohne daß wir zu jedem einzelnen Bau Stellung nehmen möchten.

» Stadt von Volk und Jugend « hat der Dichter Stefan George München in seiner leuchtendsten Zeit um die Jahrhundertwende genannt und hat gerühmt, daß Heimat nur dort sei, wo Unserer Frauen Türme ragen. Eine so mütterliche Heimat für eine Jugend aus ganz Deutschland, ja, aus der Welt, hätte München ohne die altbayerische Geschlossenheit seines historischen Wachstums nie werden können. Eine unanfechtbare Kraft des Gemüts, eine viel verkannte, ja geschmähte Beständigkeit der Anschauung haben sich in dieser Stadt, manchen allzueifrigen Neuerern zum Trotz, oft genug als ihr guter Geist erwiesen.

Eine Stadt hat viele Gesichter, je nachdem, wer sie anschaut. Mag es Leute geben, denen auch München nicht schnell, nicht groß, nicht modern genug sein kann – alle Guten sind sich darüber einig, daß München in seinem Kern münchnerisch bleiben muß, wenn es seinen Rang behaupten will. Die Gefahren sind groß, von der Weltstadt zur Allerweltsstadt ist nur ein Schritt. Aber noch ist München reich, keiner wird es ausschöpfen, mit den Augen nicht und nicht mit dem Herzen, der alteingesessene Bürger nicht und nicht der flüchtige Gast, dem vielleicht ein glücklicher Tag mehr offenbart, als Jahre dem, der nur sein Brot sucht. Wer selbst Jahrzehnte hier verlebt hat, kann nicht sagen, daß er die ungeheure, oft schier erdrückende Fülle dessen, was München als Stätte wahrer Bildung bietet, als Kunst- und Musikstadt, als Heimat der Wissenschaft, mit all ihren Museen und Ausstellungen, Tagungen und Festen, wirklich hat aufnehmen können, auch wenn er von dem goldenen Überfluß mit allen Sinnen zu trinken gewillt war.

Als ein alter Münchner möchte ich nicht nur den Eintagsgast, sondern auch so manchen Einheimischen, der gleichgültig seinen Alltagsweg dahingeht, auf einen Turm führen, wie es schon Goethe geraten hat, damit der Betrachter in einem einzigen Augen-Blick, in mächtigem Überraschen, das ganze München umfasse, wie es wurde und wie es ist: denn die jüngste Gegenwart, ja, noch die Zukunft ist in geheimer Weise an die älteste Vergangenheit geknüpft. Den Turm des neuen Rathauses würde ich vorschlagen, nicht nur, weil ein Lift hinaufführt und der Fremde dem berühmten Glockenspiel in die Eingeweide schauen kann, sondern auch, weil der Besucher, ungestört wie nirgends sonst, ringsum das Bild des *alten* Münchens genießen kann.

Da schlägt nun, tief unter uns, das achthundertjährige Herz der Stadt: Die Salzhandelsstraße kommt von Osten herein über die Isarbrücke, weitet sich zum Tal aus, der beneidenswerten » Großgarage « des Mittelalters, wo die Bauern- und Botenfuhrwerke abgestellt wurden. Fromm verhält die Straße zu unseren Füßen an der Mariensäule, auch wenn wir dem ameisenwimmelnden, verkehrsumtosten Marienplatz kaum mehr anmerken, daß er einst der behäbige Markt und der ruhige Festsaal der Stadt war und dem Wissenden immer noch ein Zeuge ist ernster und heiterer Ereignisse der Münchner Geschichte. Nach Westen zieht die Straße wieder zum Tor hinaus, Schlagader der Stadt eh und je, heute gar, wo sie im » Stachus « den brennendsten Punkt des abendländischen Verkehrs zu überwinden hat.

Wie friedsam dagegen, bei allem Gewühl, der » Alte Peter « uns gegenüber, hoch überm Viktualienmarkt, einem der nahrhaftesten und blumenbuntesten Märkte der Welt. Da kann einer noch die echten Münchnerinnen erleben, Gärtnerinnen und Bauernfrauen der Umgebung darunter, Weiber vom gesunden, altbayerischen Schlag, bieder und herzhaft zugleich. Und da liegen auch die Heimstätten und Wirtshäuser der gestandenen Münchner unter uns im Altstadtgewirr, der Donisl, der Franziskaner, das Hofbräuhaus drüben am Platzl. Über alle Dächer und Türme aber schaut mächtig die Frauenkirche, über Wälder und Seen bis zum föhnblauen Alpenwall, wo die erregende Luft herkommt und das Isarwasser – zwei Dinge, ohne die München nicht wäre, was es ist: eine männliche Stadt.

Nach Norden aber rollt, in breiter Pracht, mit dem wuch-

1 Sieg des Geistes: Gelassen sitzt der große Gelehrte Georg Simon Ohm vor den Trümmern der Technischen Hochschule.

1

tigen Akzent der Residenz und dem stürmischen Auftakt der Theatinertürme, die Ludwigstraße aus der Enge in die Freiheit, in ein neues Schwabing, das, sich selbst zur Lust, die Leopoldstraße in die heitere Farbigkeit eines Pariser Boulevards verzaubert hat. Da stehen die Hochburgen der Kunst und Wissenschaft überall in den weiten Häusergevierten, vom Königsplatz bis zur Universität, von der Pinakothek bis zur Akademie, von der Technischen Hochschule bis zur Staatsbibliothek. Da wallt auch die grüne Woge des Englischen Gartens herein, die heute noch den vertrauten Heuduft in die Schluchten der Großstadt trägt. Nach Osten, über das Haus der Kunst und das Nationalmuseum hinweg, schweift der Blick in die Isaranlagen, auf schlanker Säule steht der goldene »Friedensengel« überm Fluß. Und im Westen, wo sich über das verträumte Schloß Nymphenburg hinaus die Stadt in neuen Städten fortsetzt, erhebt sich die eherne Bavaria über der »Wies'n«, dem Platz des weltberühmten Oktoberfestes.

Nicht nur Mißgunst, die München seine Beliebtheit neidet, auch ehrliche Teilnahme hat oft gefragt, was nun eigentlich schön sei und einmalig an dieser Stadt, die gewiß in manchen Einzelheiten von anderen Städten übertroffen wird. Es ist aber immer noch und immer wieder München selbst, das *ganze* München, der oft beschworene *genius loci*, der gute Geist der Stadt: eine noch klar geprägte Gegenwart, die lebend sich entwickelt, Heimat auch für viele, die nicht in seinen Mauern wohnen. Suche jeder, was er will: die Kunst, die Bauten, die Landschaft; die Freiheit des Lebens, die Heiterkeit des Lebenlassens; er wird, auf zauberische Weise, eins im andern und in jedem einzelnen das Ganze finden. Weil eben, von den Hochschulen bis zum Bierkeller, vom Deutschen Museum bis zur Amalienburg, noch ein allumgreifender, großer Atem geht. Der Glaube an diese Stadt, die Liebe zu ihr und die Hoffnung auf sie erneuern in geheimnisvollem Austausch des Gebens und Empfangens ihre verborgene Grundkraft.

*

Wenden wir uns, nach so weitem Überblick, unserer engeren Absicht zu, die Bauten, Ereignisse und Gestalten der jüngsten Vergangenheit zu schildern. Da ist vor allem, im Gegensatz zu andern Städten, entscheidend: München ist, unter weitgehender Wahrung der Überlieferung, wieder aufgebaut worden, dergestalt, daß ich mich getrauen möchte, einen leidlichen Kenner des Vorkriegsstadtbildes durch die Straßen und über die Plätze *so* zu führen, daß er nur an wenigen Stellen die Wandlung im großen, also in den wirklich bedeutenden Baudenkmälern, bemerkt. Und der Fremde gar, der gestern wie heute durchreist und sich vielleicht einen Bildband zur Erinnerung mitnimmt, wird staunend sagen: »Ist ja alles wieder da!«, und selbst zwischen dem »noch da« und »wieder da« wird er kaum unterscheiden können. Ludwig- und Maximilianstraße, Theatinerkirche und Feldherrnhalle, Dom, Peterskirche, Heiliggeist, Sankt Michael, Königsplatz und Wittelsbacher Brunnen, Nationaltheater, Künstlerhaus, Alte Pinakothek und, in der äußeren Erscheinung, die Residenz: nichts wird der Besucher vermissen, nirgends werden ihm, sofern er nicht gründlich Bescheid weiß, auch nur die Narben der tiefen Wunden sichtbar werden, die der Bombenkrieg schlug. Freilich, wenn man's ihm dann herzählt: Synagoge, Matthäuskirche, Neue Pinakothek (um nur drei wichtige zu nennen), wird auch er sehen, daß böser Wille uns, im Frieden wie im Krieg, mehr geraubt hat, als wir so leichthin denken.

Zum zweiten hat München nicht so viele kuriose Bauten aus der Gründerzeit und dem Jugendstil besessen, daß ihr Fehlen den Gesamteindruck wesentlich beeinträchtigen könnte.

Weit einschneidender sind freilich die Veränderungen durch den *Wiederaufbau* im Geist — aber auch im Ungeist — der modernen Entwicklung. Ihm sind wertvollste Gebäude, wie die Maxburg, zum Opfer gefallen, ganze Straßenzüge haben, bald zum Vorteil, bald zum Nachteil, ihr Gesicht gewandelt. Wir sprechen ausschließlich von der inneren Stadt, also von dem München, das die Welt kennt und das die Bewohner der Außenviertel meinen, wenn sie sagen, daß sie »in die Stadt gehen«. Allerdings, was gestern noch als ein solches Außenviertel galt, weil es vor den Toren lag, das ist, gemessen

Vater und Sohn bei eiliger Berichterstattung. Hermann Roth, vor just hundert Jahren geboren, hat sechs Jahrzehnte lang für die »Münchner Neuesten Nachrichten« als Chronist der Stadt gewirkt. Er wäre der berufene Schilderer jenes »München, so wie es war« gewesen. Durch ihn hat aber auch der Verfasser ungewöhnlich früh die Stadt und ihre bedeutenden Bewohner kennengelernt; als Kind schon hat er die ersten Sporen als Journalist verdient, viele Jahre ist er dann Mitarbeiter und Schriftleiter der »Neuesten« gewesen.

am Umgriff der heutigen Millionensiedlung, fast schon Mitte geworden, abgesehen davon, daß sich neue Schwerpunkte gebildet haben, Nebenstädte, Ballungen von Hoch- und Reihenhäusern, die mit »München« nur mehr wenig zu tun haben; noch zu unserer Kinderzeit war hier weit und breit nichts als Wald und Feld, unberührte, bald freilich schon bedrohte Natur.
Nicht ohne Kampf um jede Handbreit Grün und um jeden Baum ist uns der *Englische Garten* erhalten geblieben — es wird auch künftig höchster Wachsamkeit bedürfen, ihn gegen die Anrainer zu schützen, die unter hundert Vorwänden nach ihm greifen wollen. Noch stehen die Mauern um den Schloßpark von Nymphenburg, darin, sorgfältig erneuert und gepflegt, das kostbarste Juwel des Rokoko, die Amalienburg, glänzt; nirgends sonst ist jenes »München — so wie es war« so zauberhaft bewahrt geblieben, ein Jahrhundert und mehr scheint ohne Spuren vergangen.

*

Wer darf sich rühmen, ein wirklicher Kenner seiner Heimatstadt zu sein? Selbst wer seit siebzig Jahren durch ihre Straßen wandelt, erlebt schier täglich seine Überraschungen, sobald er nur den Blick schärft (was leider viele bloß noch durch die Linse ihrer Kamera tun). Jedermann, wo er auch wohne, mag das überprüfen; er wird bekennen müssen, daß er vieles übersehen hat. Und so mögen unsere Bilder sogar alten Münchnern Neues bieten, ganz zu schweigen von jenen Hunderttausenden, die hier leben, ohne im eigentlichen Sinn Bürger dieser Stadt geworden zu sein. »Weltstadt mit Herz« ist München genannt worden, aber oft will es scheinen, als sei das mehr eine tapfere Hoffnung als eine Gültigkeit. Der Bau*körper* ist weitgehend wiederhergestellt; daß, um im Bild zu bleiben, der Bauch der Stadt unheimlich rasch wächst, ist aus jeder Statistik zu sehen. Die Befürchtung aber, daß die Weltstadt zur Allerweltsstadt werde, kann nur zweckhafte Vertrauensseligkeit in das unerschöpfliche Gemüt Münchens zurückweisen, die da glaubt, diese Stadt ihrer Liebe und Sehnsucht sei ein unzerreißbares Bilderbuch für die Kinder der Welt. Der Verlust an Seele ist jedoch weit bedrohlicher als der an Stadt*leib*. Häuser kann man — und München hat's bewiesen — wiederaufbauen, Scherben kann man kitten. Es ist, wir sagten es schon, nicht alles, aber vieles, »so, wie es früher war«. Doch jenen schleichenden, immer wieder fröhlich geleugneten Veränderungen des Inneren zu begegnen, ist schwieriger. Die Zeiten ändern sich und wir uns mit ihnen; und was München an unverwechselbar Münchnerischem verloren hat, kann nur der ermessen, der das Leben hier seit der Jahrhundertwende mitgelebt hat. Je nun — so werden wir getröstet —, das ist der Lauf der Welt, der guten alten Zeit trauerten schon Großvater und Urgroßvater nach, und für junge Menschen, die es nicht anders kennen, ist München gewiß noch reicher an Herzenskraft und Lebensfreude als manche andre Großstadt. Schließlich ist ja auch Paris nicht mehr Paris, Wien nicht mehr Wien und die Welt schon gar nicht mehr die Welt, wie wir sie uns — immer noch! — vorstellen.
Mit ein paar Bildern auch *den* Genius loci zu beschwören, der durch die *Menschen* unsrer Stadt bedingt war, mag aber doch sein Recht finden.
Kehren wir zu den Bauten zurück: Seit Jahrhunderten, besonders aber nach dem Fallen des alten Festungsringes, ist München ausgeweitet worden; was in historischen Zeiten an Gebäuden abgebrochen worden ist, bewegt bloß noch den Heimatforscher; er wird seine Belehrungen aus andern Büchern schöpfen. Wir aber wollen nur die Verwandlungen der Stadt zu unsern Lebzeiten verfolgen.
Mag es auch wunderlich klingen: wir möchten sie unterscheiden in die lauten und die leisen, oder, um es schlichter zu sagen, in die großen und die kleinen Veränderungen. Die großen, die lauten: der Staat, die Stadt plant, bricht ganze Häuserblöcke ab, die Zeitungen schreiben, die Bürger ereifern sich darüber; die größte, lauteste, schicksalhafteste: die Vernichtung durch die Bomben, die mehr als die Hälfte der Stadt in Schutt und Asche legten! Und dagegen die kleinen, die leisen, von denen eigentlich niemand spricht: hier fällt eine Baumreihe, dort verschwindet eine Grünanlage, hier weicht eine Rokokofassade einem Steinbau- oder Glasbaukasten, da wird einem Durchbruch eine ganze Häuserzeile geopfert — niemand hat es im einzelnen so recht wahrgenommen: Jetzt aber vergleicht er, und sei es auch nur in seinem Gedächtnis, das Bild von 1910 mit dem von heute — und da sieht er staunend, wie sich, unter der Hand, vieles vertauscht hat. Dabei ist eine wunderliche Eigenart des Erinnerungsvermögens festzustellen: so lange die Lücke zu sehen war, die kahle Stelle, vermag der Mensch noch, sie mit dem Gedenken des Verlornen auszufüllen. Er sagt, um ein wirkliches Beispiel zu bringen, hier stand das »rote«, das Wittelsbacher Palais! So ungefähr hat es ausgesehen! Steht aber nun an diesem Platz ein besonders seelenloses, mächtiges Gebäude, so ist dem Vorübergehenden im wahrsten Wortsinne auch die Erinnerung verbaut.
Wir haben daher einige Standorte in ihrer früheren und ihrer jetzigen Gestalt einander gegenübergestellt, um dem Betrachter den Vergleich zu erleichtern.
»München, so wie es früher war« — das darf nicht zu einem einseitigen Lob der guten, alten Zeit herhalten, nicht zu einem Rückblick im Zorn schlechthin gegen die Gegenwart (in der, spät genug, mit dem Bau der Untergrundbahn und anderer Vorhaben, die Zukunft schon begonnen hat). Nicht der Schmerz um das, was wir verloren haben und täglich verlieren an äußeren wie inneren Werten, darf uns allein durch dieses Buch begleiten; wohl aber der hoffnungsvolle Vorsatz, nichts ohne letzte Notwendigkeit preiszugeben von all dem, was noch unser ist — auf daß auch unsre Kinder und Kindeskinder ein gültiges München besitzen dürfen, wie sie's ererbt haben von ihren Vätern.
Und nun sollen die Bilder für sich selbst sprechen!

3

2 Auf der alten Schwabinger Landstraße ziehen wir in München ein . . .

3 *Die Frauentürme über der zerstörten Altstadt*
»Höher und höher hinauf die schmale, steinerne Wendeltreppe und weiter zwischen ragendem Gebälk. Tief unten die Stadt, über ihr der Himmel, und als Zwischenstufe die charakteristische Kopfbedeckung der Frauentürme, jene närrischen Hüteln, die man kennt weit und breit als die Deckel zu den zwei Maßkrügen.

Hier halte ich ein und schaue mich um. Lotrecht unter mir die weiten Höfe des ehemaligen Augustinerklosters, dahinter, nicht minder schwer und finster, die Jesuiten mit den Karmelitern. Drüben aber als Gegensatz im köstlichsten Blau die stolze, geschlossene Linie der weiten Alpenkette. Dort, wo die Sonne jetzt strahlt auf Zacken und Schründe, bin ich gewandert, so oft, so viel, vom Untersberg bis zum Grünten. Und überall, wo ich gerastet habe, hab' ich ausgeschaut nach den zwei Türmen wie nach lieben alten Bekannten. Auch sonst hab' ich ihnen zugenickt, diesen feinpatinierten Dickschädeln,

4

wenn ich von Westen, von Norden, von Süden, von Osten in die Heimat zurückkam. Aus Nebeln herauswachsend, im Gewitterschein leuchtend, von der Sonne beglänzt, vom Schneegestöber umzingelt, so sah ich sie vor mir als treue Gesellen, als zwei brave Onkel, deren Taschenuhren gleichmäßig weitergehen, die rechte wie die linke, im breiten Ticktack des Münchner Lebens. Alle Viertelstunden behaglich brummend, wie so der richtige alte Münchner, der auch nur alle fünfzehn Minuten ein Wort spricht, weil eh' scho'g'nua g'redt werd auf dera damischen Welt.« *Josef Ruederer*

4 Über die Schönheit der Frauenkirche schreibt *Wilhelm Hausenstein:* »Wie wenig sind doch diese beiden dichten Türme, die rötlich-dunklen, unter dem grünen Rost der Helme – wie wenig sind sie etwa im Vergleich mit der feinen und ernsten Ausbildung der weißen Türme von Notre-Dame in Paris! Und wunderbar ist wahrlich, daß dies wenige in solchem Maß die Macht eines Bannes besitzt. Aber immer ist es um diese Kirche her, an ihr empor, in ihr drinnen ja das Wenige, das die bedeutende Wirkung tut! Das Wenige – dies will sagen: das Geringe, das biblisch Arme, das gewissermaßen

5

Unscheinbare –, das der Ausdruck des Wesentlichen ist. Ich wage, wie im Traum vor mich hinzusagen: Die schlichte Knechtsgestalt vom Lande – in der die wortlose Beharrung, die unberedte Wesenhaftigkeit der sachlichen Kraft wohnt. Ich wüßte keine Kathedrale, die mit soviel Enthaltung von ziersamen Umständen, mit soviel gegenständlicher Notwendigkeit gebaut wäre.
Eine Pyramide steht nicht einfacher und wesentlicher in der Wüste als diese Kirche über der lärmenden Einöde der großen Stadt. Der Gedanke dieser schlichten Größe ist gewaltig. Er ist das einzige Gewaltige an dieser Kirche. Alles, was Zug um Zug zur Verwirklichung geschah, ist bescheiden: ist unansehnlich. Aber je unansehnlicher das Mittel war, desto reiner mußte die andächtige und kühne Idee der bloßen Größe sichtbar werden. Aus ungezählten Ziegelsteinen ist die Kirche aufgebaut. Von Anfang an versagte sich darum der triumphale, leicht auch eitle Reichtum der Ausbildung im einzelnen, den der Haustein gestattet hätte. «
Das Innere der Kirche ist anläßlich der Wiederherstellung nach 1945 noch einmal vereinfacht worden. Wir weisen nur auf die *Kanzel* hin, die durch ein völlig modernes Gebilde ersetzt worden ist.

5 *Der Marienplatz gegen Osten,* nach dem ersten Weltkrieg: in der Bildmitte die Mariensäule, 1638 vom Kurfürsten Maximilian I. der Patrona Bavariae zum Dank für die Errettung aus der Schwedennot aufgestellt. Die vier herrlichen Bronzeputten des Sockels haben selbst alte Münchner nicht andächtig genug betrachtet. Links die Front des neuen Rathauses, davor, winterlich verdeckt, der Fischbrunnen. In den Platz hineinragend, ein Geschäftshaus (heute der »Beck am Rathauseck«), wo auch das alte Café Perzl war; im Hintergrund der gotische Giebel des Alten Rathauses mit dem Tanzsaal, daneben das wiederholt umgebaute, im zweiten Krieg zerstörte Talbruckertor – der Durchbruch durch die älteste Stadtmauer. Rechts eine Front von Häusern, darunter das Onuphriushaus und das Haus Ostenrieder – die in dieser Form nicht mehr stehen.
Leider ist der Raum zu knapp, als daß wir uns historisch ausbreiten könnten. Immerhin sei daran erinnert, daß sich an diesem Herzpunkt der Stadt viele gute und schlimme Ereignisse abgespielt haben.
Wer das Bild oberflächlich mit dem heutigen vergleicht, vermißt eigentlich nur den Turm. – Es ist ein beliebter Scherz in unsren Illustrierten, die Beobachtungsgabe der Leser dadurch zu prüfen, daß sie zwei Bilder mit winzigen Abweichungen nebeneinander drucken. Wollten wir die Betrachter so auf die Probe stellen, wir könnten ihnen (von Bauten abgesehen!) viele Veränderungen nachweisen, vom Straßenbahngleis links bis zu den Fiakern.

6

7

6 Wie mit einem Schlag fühlt sich der alte Münchner beim Anblick dieses Bildes in die erlebte Vergangenheit versetzt. Noch heute ist es der Punkt schlechthin, von dem aus der Marienplatz betrachtet wird: Auf dem, nur ganz im Vordergrund noch angedeuteten, »Ufer«, an dem ein wilder Verkehr dahinbraust, stehen die Fremden um elf Uhr, dicht geballt, um Glockenspiel, Turnier und Schäfflertanz vom Rathausturm zu erleben. Der mächtige Bau der Frauenkirche beherrscht nach wie vor den Eindruck. Auch das Thomass-Eck ist, wenngleich im Erdgeschoß durch eine Fußgängergalerie stark verändert, noch erhalten — vor Zeiten, aber das ist für Jüngere schon Sage, stand hier die Wache, auf Steindrucken von G. W. Kraus zu studieren. Das steilgieblige Haus in der gleichen Häuserzeile, am Beginn der Weinstraße, ist eine ausgesprochene Bierwirtschaft, der berühmte »Donisl«, der noch steht und überlieferungsgemäß die letzte (oder erste?) Zuflucht der weißwursthungrigen Faschingsbesucher ist.

Aber die eigentliche Front hat sich, eben durch den Bau des neuen Rathauses, völlig verändert: Das Eckhaus, heute »Sport-Münzinger«, gehörte einmal einer entfernten Verwandten des Verfassers; die Million, die sie dafür bekam, ist dann in der Inflation zu einem Nichts geworden. Die reizenden Fassaden, die gemütlichen Läden mit ihren Sonnendächern, die alten Dächer sind dem neugotischen Prunk gewichen; aber wer noch weiter zurückginge, der fände auch unser Bild schon recht »verschandelt«: Kein Ladengeschäft, sondern die »lichten Bögen« boten sich dem Blick, Durchgänge, die dem Bürger die Möglichkeit gaben, mitten in der Stadt zu lustwandeln. So ändern sich eben die Zeiten — und wir uns mit ihnen.

7 Der erste Bauabschnitt (von dreien), in den Jahren von 1867 bis 1874: Auf diese Zeit geht der unglückliche Gedanke zurück, ausgerechnet in München ein »gotisches« Rathaus zu errichten, wie es vielleicht einer flandrischen Stadt wohl anstehen könnte; dabei ist dieser älteste Teil noch am erträglichsten. Nicht dem Erbauer Georg Hauberisser, sondern dem Zeitgeschmack ist der Fehlgriff zuzuschreiben. Und heute noch — die Bomben haben den Koloß verschont — ist der Turm mit seinem Glockenspiel die große Freude der Besucher unsrer Stadt. Auch auf diesem Bild beachte man Kleinigkeiten: die Holzmacher und das Schilderhaus, den gemütlichen Soldaten und, wie so oft, den menschenleeren Platz.

8 Als der Marienplatz der Markt war — was wäre da alles zu berichten von der Getreideschranne, dem Eier-, dem Kräutl-, dem nahegelegenen Rindermarkt, freilich aus weit früheren Zeiten! —, verkauften die Fischer ihre Fänge just an der Stelle, wo später, 1870, der »neue« *Fischbrunnen* (von Karl Knoll) errichtet wurde; der »ganz neue« ist nur mehr ein Abglanz dieses beliebtesten Münchner Brunnens, in dem die Faschingsgeplünderten

8

am Aschermittwoch ihren leeren Geldbeutel wuschen, wo alljährlich der »Metzgersprung« stattfand (die zünftigderbe Lehrlingsfreisprechung), neben dem weit berühmteren, bis in unsere Tage erhaltenen *Schäfflertanz* eine Erinnerung an die Pestzeit im sechzehnten Jahrhundert. Nebenbei bemerkt: der Schäfflertanz findet alle sieben Jahre statt, wird, vorerst noch, durch Gönner aufrechterhalten, die »d'Schaffler« vor ihrem Haus tanzen lassen; von einem Mädchen sagte man, es sei »noch keine drei Tanz alt«, also noch nicht einundzwanzig Jahre — ein Spruch, den auch mancher eingesessene Münchner nicht mehr kennt: So schwindet das Brauchtum dahin.

Daß es freilich auch in der so gerühmten guten alten Zeit mit der Ehrfurcht vor dem Brauchtum nicht immer so weit her war, wie wir meinen, erfahren wir mit Staunen aus den Berichten über die Kämpfe, die just die von ihren Meistern schamlos ausgenützten Schäffler bestehen mußten. Die Unternehmer drohten mit fristloser Entlassung, wenn die jungen Leute um des Tanzes willen Arbeitsstunden versäumten.

Daß der Marienplatz als Stadtmittelpunkt auch die Stätte vieler historischer Ereignisse war, von den festlichen Umzügen bis zur Hinrichtung der Rädelsführer des Bauernaufstandes von 1705, muß wohl nicht eigens gesagt werden.

9

9 Das *Tal* nach Westen, mit dem Blick auf den alten Rathausturm (Talbruckertor). Um 1900, sagen die Fachleute. Noch liegen keine Straßenbahnschienen, wo heute viele Linien zwischen Ost und West den Verkehr vermitteln. Einzig im Hintergrund steht ein stattliches Haus, während die Straße selbst grau und ein wenig verwahrlost anmutet. Sie war einst viel reicher an Wirtschaften, darunter die berühmte »Zum Soller«, die wegen der Raufereien fürs Militär verboten war. Aber auch der Turmwirt war hier, der Höger und der Bögner (wo es zeitweise die besten Weißwürste gab), viele Brauereien (Sternecker-, Dürn-, Maderbräu); die berühmte Weißbierbrauerei Schneider gibt's heute noch. Das Meth-Eck war bekannt, in der Küchelbäckerstraße werden keine Küchel mehr gebacken, am Radlsteg gibt's nicht mehr einen Tändler neben dem andern. Wollten wir von den Nebengassen weiter erzählen, es gäbe kein Ende. Der Weinwirt Schleich, die Kronfleischküche, die nahrhaftesten Läden für Käs oder G'selchtes waren oder sind noch hier, wo die Wege zum Platzl oder zum Viktualienmarkt führen — also weniger das Herz als der Magen der Altstadt. Im breiten Tal spannten die Bauern aus, von hier aus gingen auch, zu unserer Kinderzeit, die Botenfuhrwerke in alle Himmelsrichtungen Oberbayerns, einem Boten oder einer Botin konnte man allerhand Aufträge geben, es war eine großartige Einrichtung! In unsere Zeit übersetzt: Der Spediteur ist bei weitem nicht mehr dasselbe. Heute ist das Tal zu einem Mittelpunkt des Möbelhandels geworden — natürlich nicht dem einzigen.
Wer mit der Straßenbahn durch das Tal fährt, sieht vielleicht die Geschäftsauslagen, aber darüber, wer da alles wohnt, macht er sich kaum Gedanken. Auch dies ist ein Stück von München, so wie es war: daß sich die Wohngegenden wandeln, daß »Glasscherbenviertel« aufsteigen und Herrschaftsgegenden herunterkommen, daß Wohnungen zu Büros werden und umgekehrt. Um 1890 jedenfalls finden wir neben dem Durchschnitt des Handels und Kleingewerbes Adlige und Universitätsprofessoren, Makkaroninudelmacher und ein Federnschmückerehepaar in schöner Eintracht — wenigstens wollen wir's glauben.

10 Wie altmodisch mutet uns heute der seinerzeit hochmoderne Betrieb des Warenhauses an — schon damals fürchtete der »kleine Geschäftsmann« den Ruin durch die große Konkurrenz.

11 Die *Neuhauser Straße* gegen das Karlstor und den Stachus war schon immer eine der belebtesten Straßen Münchens, ging doch bereits im Mittelalter der Großverkehr hier durch. Heute würde uns, mittags um halb zwölf Uhr, die Leere, wenigstens auf der Sonnenseite, geradezu beunruhigen. Unbekümmert wechseln Fußgänger und Hund in den Schatten hinüber, wo der Bürgersteig erstaunlich stark belebt ist; es ist die Seite, auf der bis 1944 der behäbige »Bamberger Hof« stand, um nur einen der vielen Gasthöfe zu nennen, an denen, vom Karls- bis zum Isartor, diese Hauptachse so reich war.
Der *»Oberpollinger«* ist längst ein bekanntes Warenhaus geworden, noch zu unsrer Kinderzeit war's Hotel und Gaststätte, der Volkssänger Papa Geis, oft unser Gast, brachte hier seine beliebten Couplets, die wir nur mehr wehmütig belächeln könnten, die aber damals sehr beliebt waren. »Singspielhallendirektor« war sein Titel; der Sohn, Josef Geis, war der berühmte Beckmesser in den »Meistersingern«.
Nur auf ein paar Kleinigkeiten sei hingewiesen: den städtischen Spritzwagen, die Sonnendächer über den Läden, die Aufschrift: »Café und Billard« — ohne Billard ging's damals überhaupt nicht. Und die »riesige« Odol-Reklame am Karlstor — Vorläuferin heutiger Werbung!

Übrigens will ein Fachmann in unserm Bild eine Fälschung entdeckt haben: Zu den offenbar »elektrisch« gemeinten Trambahnwagen fehlt die Oberleitung! Der Kritiker meint, man habe das Pferd einfach wegradiert. Darüber läßt sich jedenfalls streiten.

10

11

12

13

14

12–14 Rund ums *Sendlinger Tor*, das 1309 bereits urkundlich erwähnt ist — unser Bild zeigt es nach der »Restaurierung« durch Zenetti, 1860 —, hat sich, aufs einzelne gesehen, so ziemlich alles verändert, ohne daß sich im ganzen der Eindruck sehr wesentlich gewandelt hätte.

Allerdings bringt die in den Anlagen vor dem Krankenhaus errichtete, hochmoderne evangelische Kirche (ein Ersatz für die von den Nazis abgerissene Matthäuskirche) eine einschneidende Umstimmung des Gesamteindrucks. Der Volksmund, der in München sofort mit gutmütigem Spott sich äußert, hat dem ungewöhnlichen und umstrittenen Bau den Spitznamen: »Achterbahn des lieben Gottes« gegeben; inzwischen hat man sich aber wohl an noch weit verwegenere Stätten der Andacht gewöhnt.

Der Platz selbst — durch viele Verkehrsinseln und, neuerdings, Fußgängerunterführungen — ist seiner sorglosen Weite beraubt. Wilde und doch gebändigte Kraftwagenströme durchbrausen ihn, die Straßenbahnen, noch wie Kinderspielzeug hier zu belächeln, haben's fast so schwer wie am Stachus, durchzukommen. Hinter den schönen Bürgerhäusern, nach links gegen die breite Sonnenstraße, erhebt sich der Turm der Kreuzkirche, 1478 vermutlich von Jörg Ganghofer gebaut und zum Glück nach manchen Fährnissen erhalten geblieben.

Neben dem »Oberpollinger« in der Neuhauser Straße gab's noch den »Unterpollinger« in der Sendlinger Straße, die auch reich an Wirtschaften war. Im Erdgeschoß war der Laden des Kleidergeschäftes von Isidor Bach: »Wegen Abbruchs Totalausverkauf!« Die (später »arisierte«) Firma bezog dann ein großes Haus in der gleichen Straße, »einen Katzensprung« vom Marienplatz.

*

Wir wollen, neben den Texten rund um die Bilder, doch auch ein paar Erinnerungen einstreuen, die sich auf das *Allgemeine* beziehen und die nur im Wort zu erfassen sind. Der Leser möge sie, falls er sie überhaupt seiner Aufmerksamkeit würdigt, mit einem Auge überfliegen, das andre Auge aber gnädig zudrücken: Wir wissen selbst, daß diese Einschiebsel nicht immer am rechten Ort stehen, sondern »wie Kraut und Rüben« durcheinander, eben dort, wo gerade Platz ist. Aber diese, oft umfangreichen, Randbemerkungen sind es vielleicht gerade, die dem Ganzen erst die Farbe geben, die jenen Hauch von Münchens besonderem Reiz vermitteln, den kein Lichtbild zu geben vermag. Wenn wir dabei auch andre, berühmtere Lobsprecher unserer Stadt zu Wort kommen lassen, so nicht deshalb, weil wir selber nichts zu sagen hätten, sondern weil uns Eideshelfer von Rang willkommen sind!

15 Der städtische Marstall am St.-Jakobs-Platz aus dem 15. Jahrhundert, mit den Fahrzeugen um 1900.

»Eine Stadt ist kein Museum; wenn sie leben will, kann sie sich keine Sentimentalitäten erlauben!« Mit solchen Schlagworten reißen tüchtige Abbrecher ganze Straßenzüge ein, um noch tüchtigeren Käufern Platz für ein Mammutgebäude zu schaffen. Daß ein altes Haus mehr ist als Stein, Holz und Lehm, das wollen die »Sanierer« einer Altstadt nicht gelten lassen. »Gefühlsduselei!« schreien sie – und wer will nicht modern sein?
Alte Häuser, ja ganze Altstädte stehen immer im Wege: dem Verkehr, dem Geschäftsleben, der »Rentabilität«. Und um ein Schafsgewand sind die Wölfe nie verlegen. Es ist ein bewährter Trick, mag sich's um einen heimeligen Straßenzug, ein Haus von hohem Kunstwert, um die Wohnstätte eines Berühmten (R. Boos, R. Strauss, Ignaz Günther usw.) handeln: Man wirft den Abbruchgedanken ins Gespräch, man läßt Denkmalpfleger, Presse, Bürgerschaft sich austoben, weint ein paar Krokodilstränen mit und wartet ein bißchen. Der Entrüstungssturm flaut ab, eine wirksame gesetzliche Handhabe gibt es nicht – und eines Tages, in aller Stille, ist das bißchen Kulturschutt weggebaggert. Friede seiner Asche – nur wenige begreifen, daß hier ein Stück vom Herzen der Stadt, ja, der abendländischen Welt dahingegangen ist.

*

Wir wollen keineswegs behaupten, daß alles in München schön war – im Gegenteil! Es gab graue, heruntergekommene Stadtviertel, verwanzte Gegenden mit öden Hinterhöfen, selbst in der Altstadt häßliche Häuser, schmutzige Winkel, geschmacklose Läden, von Reklamen verschandelte Fronten und überall störende Baulücken. Niemand wird leugnen wollen, daß vieles weit schöner wiederaufgebaut worden ist. Ins einzelne zu gehen, Verlust und Gewinn abzuwägen, kann nicht unsere Aufgabe sein; aber gerechterweise müssen wir doch die allzu einseitigen *laudatores temporis acti* darauf hinweisen, daß das Stadtbild nicht nur verloren, sondern auch gewonnen hat. Freilich nicht immer an den empfindlichsten Stellen, wo Fortschrittswille und liebende Behutsamkeit unversöhnlich aufeinanderstoßen.

München, wie es war — wir sähen es nicht deutlich genug, wenn wir nicht auch einen Blick in ein altes *Adreßbuch* getan hätten, sagen wir, von 1892. Da begegnen uns die Leutnants, die Assistenzärzte, die wir später als Generale und Geheimräte noch lange genug gekannt haben, da ist eine Dienstmannswitwe zugleich als Buchhändlerin angegeben, da wimmelt es von Exzellenzen, Hof- und Staatsbeamten, aber auch von heute ausgestorbenen Berufen; da finden wir, als Überraschung, die Bachstraße — »läuft als kleine Sackgasse unmittelbar am Karlsthor beim Café Danner in nördlicher Richtung auf dem hier ganz überwölbten ehemaligen nassen Stadtgraben hin . . .«.

Wo wir das Buch aufschlagen, erzählt es dem, der zu lesen versteht, Geschichten. Allein die aneinandergereihten Namen beweisen, daß München von Münchnern bewohnt war: Schlegelmilch, Hinterneder, Bacherl, Haslinger und Natterbauer hießen die Honoratioren, dabei ist noch kein wunderlicher Nagenrauft, Ehglücksfurtner oder Vierheilig mühsam herausgepickt. Wer hätte sich, in der »guten alten Zeit«, von wem die Zähne ziehen oder die Hühneraugen behandeln lassen wollen? Hebammen gab's zu Hunderten, Bader älterer Ordnung nur noch einen, im Hofgraben.

Künstler und Künstlerinnen: Dreißig Spalten voll, runde fünfzehnhundert zählt das Adreßbuch auf — wer von ihnen ist berühmt geworden oder auch nur dem Namen nach bekannt geblieben? Lovis Corinth, Franz Defregger,
16 Karl Haider, die beiden Kaulbach, Franz Lenbach, Ferdinand von Miller (Erzgießer), Adam Oberländer, Ferdinand Reznicek, Eduard Schleich, Gabriel und Emanuel
17 von Seidl, Max Slevogt, Franz Stuck, Wilhelm Trübner, Fritz von Uhde, Josef Wenglein — das sind die Großen —, die einen alt und würdig, die andern jung und zukunftsfroh: und der Kunstkenner fände noch hundert »mittlere« heraus: all die andern verschollen . . ., auch wenn man etwa den Porträtisten des Deutschen Kaisers, Rudolf Wimmer (Atelier Schillerstraße 26/2 RG), noch in den Jahren seines Ruhms gekannt hat.

Übrigens, für Kenner Alt-Münchens keine Neuigkeit, war keineswegs Schwabing der vorherrschende Bezirk der Maler und Bildhauer; sie waren, noch in den neunziger Jahren, über die ganze Stadt verstreut, und besonders häufig entdecken wir, auch zu so später Zeit, die Lieblingsquartiere der Väter und Großväter in der Gegend der Schwanthalerstraße.

*

16 Die vom Abbruch bedrohte Pfistermühle am heute noch rauschenden Stadtbach.

17 Münchens ältestes gotisches Haus in der Burggasse; der Giebel ist neu. Das Haus steht zwar, aber ein Lastwagen, der sich roh durch das enge Tor zwängen wollte, hat es arg beschädigt. Inzwischen ist das Haus aufs glücklichste erneuert worden. Die wiederentdeckten Fresken von Hans Mielich schmücken die Fassade.

18 Die Südostseite des Promenadeplatzes, an der jetzt das umstrittene Haus des Herder-Verlages steht — aber unbestritten war dieser Punkt früher häßlicher.

19 So elend sah es in manchem Altstadtwinkel aus, zum Beispiel in der Hofstatt. Und wer sich an die finsteren Löcher mancher Gewerbebetriebe oder gar Redaktionen erinnert, der wird die Wandlung nur begrüßen.

20 Das *Moradelli-Haus* (dessen Name zugleich bezeugt, wie stark Münchens Bevölkerung schon immer von Italienern, berühmten Künstlern und namhaften Kaufleuten durchsetzt war) stand in der Hochbrückenstraße. Die Häuser zeigen noch die Dacheindeckung mit Mönchen und Nonnen. Links der für die alte Münchner Bauweise maßgebende Halbgiebel an der Grundstücksgrenze, rechts die den Gerberhäusern eigentümlichen Gaubenreihen zur Lüftung der Speicherböden.

21—22 Hof in der Residenzstraße 13, Ende des 15. Jahrhunderts. Solcher Höfe gab es viele in München, am berühmtesten ist der noch erhaltene »Turnierhof« von Egkl oder auch der der Karmeliterapotheke am Promenadeplatz. — Daneben der Hof eines einfachen Bürgerhauses am Altheimereck.

18

Kreuz und quer schlagen wir das Adreßbuch auf, machen in den »Bureau- und Geschäftslokalitäten« wertvolle Entdeckungen, sehen, wie alles hier beim alten geblieben ist, dort sich völlig verändert hat. Leider müssen wir uns damit begnügen, die *alten* Münchner nur neugierig zu machen, weil wir die *jungen* nicht langweilen dürfen, denen, wohl mit Recht, all die Märchen, die wir Greise da herauslesen, völlig schnuppe sind. Uns freilich ist bereits die »Zusammenstellung einzelner gesetzlicher und polizeilicher Vorschriften« spannender als ein Roman: Pferdebahn- und Dampfbahnbetrieb, Fiaker- oder Marktordnung, Straßenreinigung, Dienstmänner, Sesselträger, Hundehaltung, Gesindevermietung, wir wundern uns über diese Welt, in die wir hineingeboren worden sind: Biedermeier und Moderne, alt und neu nebeneinander, im Grund dann doch nicht viel anders als heute unterm wechselnden Mond.

*

Der »alte Münchner« darf nie vergessen, wie viel von seinem »Verlustgefühl« in ihm selbst liegt. Sein Lebenskreis hat sich im Lauf der Zeit verengt, er nimmt manches nicht mehr wahr, das eigentlich unverändert geblieben ist. Da und dorthin ist er seit Jahren, vielleicht Jahrzehnten nicht mehr gekommen.

*

Die Münchner, die weit draußen, gar in einer Satellitenstadt wohnen, haben immerhin den Vorteil, daß sie in einer Viertel-, einer halben Stunde im Herzen Altmünchens sind. All diese Betonschalen ohne den Kern der Stadt — ein schrecklicher Gedanke!

*

Sogar einem alten, kundigen Münchner — diese Wette getraute ich mir einzugehen, denn ich verlöre sie selbst — könnte man hundert Lichtbilder, gar von Einzelheiten, vorlegen, die er »nie gesehen hat«: und ist doch oft und oft dran vorbeigegangen, blind für die Schönheit. Und daß gelegentlich sieben Weise zusammensitzen, ratlos vor einem Lichtbild von 1890, soll auch nicht verschwiegen werden.

*

Immer wieder, wenn wir von der *billigen* Zeit vor dem ersten Krieg schwärmen, sollten wir auch *recht* sein und die niedrigeren Löhne, Gehälter und Honorare dagegen aufwägen: Dann schaut die Gleichung sofort anders aus; auch wenn wir den *sicheren* Wohlstand weiter Kreise bedenken, die bis zum Geiz sparsam waren und ängstlich darauf schauten, daß sie sich nicht durch »hohe Ausgaben« reichtumsverdächtig machten. Über Löhne und Gehälter ist genug geschrieben worden; die Honorare waren teils schäbig (zwei Pfennige für die Zeitungszeile!), teils fürstlich (hundert Goldmark für ein Gedicht oder nur eine Anekdote in den »Fliegenden« —

19

20

21

22

23

falls es ganzseitig illustriert wurde) — ich habe beides noch miterlebt.

Immerhin wurden für einen Fensterplatz zum Leichenzug Ludwigs II. bis zu hundert Mark bezahlt, zwanzig Mark kostete die Eintrittskarte zu den Festspielen, viel Geld, wenn man bedenkt, daß man um dreißig, vierzig Mark schon einen Monat lang in einer besseren Gegend eine moderne Dreizimmerwohnung bekam: Überall war der Streifen: »zu vermieten!« an den Fenstern.

Ein Bauplatz im damaligen Vorortbereich kostete mit Hochwald dreißig Pfennige für den Quadratfuß, ein Herrenmaßanzug wurde um vierzig Mark angeboten, freilich war's erst um den doppelten Preis ein guter. Das »Zehnerl« war noch eine Großmacht im Alltag, der Pfennig wurde geehrt und der »Zwoaring« umgedreht. Das Silberzwanzgerl verschwand schon zu unsrer Kinderzeit aus dem Verkehr. Wer jemandem eine Maß Bier zahlte, war ein Gönner, die Mark war hoch im Kurs, auch wenn sie der Münchner gern zum »Markl« verniedlichte — wenn er's *haben* wollte. Unabsehbar würden unsere Aufzählungen, wenn wir von den Zigarren (drei für zwanzig Pfennige) bis zu den Kunstwerken bei den Hunderten von Altertumshändlern und Trödlern die Preise untersuchen wollten. *Aber,* man merke: Nicht *alles* war so billig, manches sogar erstaunlich teuer!

23 Die alte *Hackenstraße* mit dem Wohnhaus des Bildhauers Roman Boos, rechts die »Hundskugel«, Münchens ältestes Wirtshaus. In der nahen Sendlinger Straße steht noch die Asamkirche mit dem Wohnhaus der berühmten Brüder Egid Quirin und Kosmas Damianus.

24 Viele Bilder von der Altstadt verdanken wir einem in München heimisch gewordenen Ausländer, dem Russen *Puschkin,* der seine Aquarelle beim Weinwirt Neuner in Alkohol umsetzte. Hier eine Ansicht vom »Rappen-Eck«, Sendlingerstraße—Färbergraben, heute zum großen Teil das Gelände der »Süddeutschen Zei-

tung«. Von hier aus ist es nicht weit zum Viktualienmarkt und der alten Schrannenhalle (unten), seit 1853, in der — Spaßes halber sei es erwähnt — Ludwig Thoma noch um die Jahrhundertwende seinen Staatskonkurs gemacht hat — ein bemerkenswertes Zeugnis von »Zweckentfremdung«.

25

25 Der *Hauptbahnhof*, wie wir Alten ihn kannten, war wenigstens teilweise noch ein reizendes, rötliches Terrakottagebäude, wie es Bürklein gewissermaßen als Gesellenstück für seine Meisterleistung, die (lang verspottete!) Maximilianstraße, auf den Schützenplatz vor dem Neuhauser Tor gestellt hat (1848 begonnen, 1860 erweitert, später noch mannigfach vergrößert und umgebaut). Keine schönere, fröhlichere Verbindung von Kunst und Technik mochte es geben, es war noch eine Lust zu reisen. Vernunft wird Unsinn: nach dem Krieg und der Zerstörung abermals einen *Kopf*bahnhof in die Stadt zu quetschen, dergestalt, daß man wegen Parkplatzmangels kaum noch einen Reisenden an die Bahn bringen oder abholen kann, ist ein Schildbürgerstreich — zumal die Vorarbeiten für einen Außenring schon weit gediehen waren. Immerhin, der neue Bahnhof selbst ist schlicht und großzügig gebaut — an die zierliche Front des alten zu denken, ist, wie so vieles, eine Greisenwehmut, für die Jüngere kein Verständnis mehr aufbringen. Was ein Mensch nicht gekannt hat, vermißt er nicht.

26 Der *Promenadeplatz,* halb alt, halb neu: rechts noch die schönen Bürgerhäuser, ebenso links vorne. Im Mittelpunkt das Hotel »Bayerischer Hof« vor der Zerstörung. Die Grünanlagen sollen neuerdings beschnitten werden.

27 Das *Rondell am Karlstor* geht in seinen Anfängen auf Johann B. *Lechner* zurück, es ist 1802 entstanden, und Napoleon ist durch dieses Tor (dessen Turm noch bis 1857 stand) in die Stadt eingezogen. Jeder bessere Münchner kennt den Steindruck von Gustav Wilhelm Kraus, auf dem zu sehen ist, wie vornehm und idyllisch der weite, kaum vom Verkehr gestörte Platz noch um 1825 ausgesehen hat und wie die beiden Arme des Rondells den Besucher geradezu liebevoll in das Schlupfloch des Tores einwinkten.
Unser Bild von 1908 zeigt sozusagen einen mittleren Zustand: An Stelle der klassizistischen, niedrigen Front sind schon die modernen Häuser getreten, mit Ladeneinbauten, aber noch ohne die Lichtreklamen, die tags ihr Gerippe zeigen und nachts das Feuerwerk ihrer Werbung. Noch stehen links der Straßenbahnpavillon und rechts der Kiosk in seiner alten Gestalt. Neben die Pferdedroschken sind bereits die Automobile getreten. Besonders deutlich ist hier die Damenmode jener Jahre zu erkennen.
Inzwischen hat der Platz den Ruhm gewonnen, der verkehrsreichste Europas zu sein.

26

27

28

28 »Wenn irgend etwas aus dem Norden mit der Wirkung verglichen werden kann, die in Italien die Verbindung von Marmor und Wiesengrün zeigt, dann ist es unser *Königsplatz,* der eine wirkliche Erhabenheit der Stimmung besitzt und hoffentlich noch lange von der Misere der modernen Verkehrstechnik verschont bleibt, die immer eine Feindin stimmungsvoller Geschlossenheit ist!« — So Paul Zauner vor dem Ersten Weltkrieg, ein ahnungsvoller Engel.
Unser Bild zeigt den Blick durch die Propyläen gegen die äußere Briennerstraße. Rechts steht das inzwischen zur städtischen Galerie erweiterte Lenbachhaus, links stand das Haus von Georg Hirth und die (häßliche!) Luisenschule. Hinter den Bäumen hat Richard Wagner gewohnt. — Ganz früher war selbst die Mittelstraße noch schmaler, und an einem Frühsommertag, wenn die Wiesen gelb von Löwenzahn waren, bot sich ein frohes Bild. Allerdings hat es schon immer Gegner einer Verbindung von klassischen Bauten und gärtnerischen Anlagen gegeben: Wölfflin etwa wollte keine Bäume neben Säulen stehen sehen.

»Die bange Frage drängt sich auf: Wird München seine alte Stadtpersönlichkeit in dieser einschneidendsten seiner Wandlungen noch einmal bewahren können? Jenen vielberufenen Genius loci mit seiner Atmosphäre ohnegleichen, die südlich sinnenfrohe Heiterkeit, zuzeiten gesteigert zu schwelgerisch auftrumpfender Lebensfreude, jene nörgelnd gemütvolle Aufgeschlossenheit? Die echte geistige und künstlerische Liberalität, den wohltemperierten Geschäftssinn ohne die geschäftige Betriebsamkeit des Roboters, ohne Krampf und Reklame auf Biegen und Brechen?
Wenn heute von München so gern als von der werdenden Weltstadt gesprochen wird, so ist zu sagen, daß München schon lange Weltstadt ist, wenn damit Weltaufgeschlossenheit und der Zug ins allgemein Bedeutende, Universale gemeint ist, daß aber München, so wagen wir zu hoffen, trotz Millionenbevölkerung nie Weltstadt wird, wenn dies nur weltstädtischen Lebenskonsum und Weltstadtallüren bedeutet.«

Michael Schattenhofer

29 Die *Technische Hochschule* wurde als Polytechnikum zwar nach dem Tode Max II., aber noch in seinem Geiste von Gottfried *Neureuther* 1865 (ausgeschmückt u. a. von seinem Bruder Eugen) erstellt. Immer neue Anbauten wurden nötig. Als Kinder gingen wir noch in der Gabelsbergerstraße an einem uns endlos scheinenden Bretterzaun vorüber, der einen herrlichen Garten umschloß. Luisen- und Theresienstraße waren noch mit Privathäusern bebaut.
Wer sich von Neureuthers Baukunst einen Begriff machen will, sei auf die Neue Akademie beim Siegestor verwiesen, die noch steht und ungefähr (alle Vergleiche hinken!) dem Eindruck ähnelt, den einst das Polytechnikum bot.

30 Die *Neue Pinakothek*, von August Voit 1853 fertiggestellt, war »vielleicht das einzig wirklich verfehlte Bauwerk Ludwigs I.«, vor allem in der äußeren Gestaltung, in den Riesenflächen für Wilhelm von Kaulbachs Fresken, die früh schon der Witterung zum Opfer fielen. Immerhin konnte man in diesem Museum noch die Entwicklung der Münchner Kunst im 19. Jahrhundert verfolgen — auch wenn sie nicht durchweg erfreulich war. Berühmt war der Rottmannsaal. Der herbste Verlust ist die Vernichtung großer Teile des Graphischen Kabinetts, das dort untergebracht war.

31 Das *Armeemuseum*, im Stil italienischer Renaissance 1905 von L. v. Mellinger »als prächtiger Abschluß des Hofgartens« erstellt, steht noch als halbzerstörter Steinklotz da, weil um sein Schicksal gestritten wird. Der Gedanke, den tiefliegenden Bau durch eine Kuppel zu erhöhen, war wohl nicht glücklich. Vor der 160 Meter langen Front standen die herrlichen Bronzekanonen. Ferdinand von Miller schmückte 1911 den Vordergrund mit der Reiterstatue des Otto von Wittelsbach; in die Senke wurde das Tiefgrab des »Unbekannten Soldaten« gefügt, die edle Gestalt des Toten stammt von Bernhard Bleeker, die Plattenwände schuf Karl Knappe.

32

32–33 Der *Lenbachplatz* bot in seiner besten Zeit einen hinreißenden Blick auf den Wittelsbacher Brunnen, aufs Künstlerhaus, auf die Synagoge, den angrenzenden Flügel der Herzog-Max-Burg, auf Turm und Chor von St. Michael und darüber, im Hintergrund, auf die Frauentürme. Wenn der Brunnen rauschte, die Anlagen blühten, die mäßig belebten oder gar sommernächtig stillen Straßen sich ins Grüne des Maximilians-, des Promenadeplatzes, des alten botanischen Gartens und des Stachus verliefen – wie glücklich-stolz konnte der Münchner alle Städte der Welt zum Vergleich fordern!
Der es nicht besser weiß, ist auch heute entzückt; aber es *war* einmal der letzte, ungestörte Blick auf die Altstadt. Der Stachus ist verwüstet, die Synagoge – man spare uns diese Erinnerung der Schande – ist dem Erdboden gleichgemacht, und die Maxburg, die ja wohl zu retten gewesen wäre, ist in ein ständig flickbedürftiges, viel bespötteltes Monstrum verwandelt worden.

34 So still stand einmal der heute längst des Platzes verwiesene Nornenbrunnen im Grünen, mitten in der Stadt.

Während diese Zeilen geschrieben werden, rasseln die Planierungsraupen, werden die Baukrane montiert, wird das Todesurteil über viele Häuser, Bäume und Wiesenflächen gesprochen, und in den Büros werden Pläne ausgeheckt, gegen deren Ungeheuerlichkeit all das, was wir hier vom verklungenen und verklingenden Alt-München berichtet haben, nur ein Seufzer der Erinnerung ist.
Dieses Buch soll kein kämpferisches Buch sein; daß es eher ein Posthornklang der alten Zeit denn ein Fanfarenstoß der neuen geworden ist, liegt in seinem Wesen. Die Zukunft hat schon begonnen, ein jüngeres Geschlecht mag mit ihr fertig werden, wie das ältere mit den Jahrzehnten fertig werden mußte (und freilich nicht allenthalben geworden ist!), die auch einmal Zukunft und Gegenwart waren und die jetzt Vergangenheit geworden sind.
Haben Sie, sofern Sie nicht erst jüngst zugereist sind, das Fernrohr am Stachus noch im Gedächtnis, unweit des Nornenbrunnens? Berühmt ist der Stoßseufzer eines Sterngucker um 1920: »Welch eine Wohltat, wieder einmal auf geordnete Verhältnisse schauen zu können!«

33

34

Ausschank der Brauerei zum Spaten

35

36

Zum deutschen Haus
Ausschank der Bierbrauerei zum Spaten

37 

35 Der *Arzberger Keller* in der Nymphenburger Straße (auch von Gabriel von Seidl), viele Jahrzehnte neben dem »Augustiner« der beliebteste – und vornehmste – Treffpunkt der Münchner, besonders der Künstler. Die Militärmusik vom nahen Löwenbräukeller berieselte nur die Stille der Sommernacht, ernste und heitere Gespräche wurden geführt; der langjährige Wirt war ein Original. Heute steht eine traurige Ruine – warum eigentlich?

36 Kaum ein lebender Münchner wird sich an die Wirtschaft *»Der kleine Rosengarten«* erinnern, die hier neben dem alten botanischen Garten an der Ecke der Sophienstraße stand. Um 1890 wurde an ihrer Stelle das *»Deutsche Haus«* von Gabriel von Seidl errichtet, das 1944 den Bomben zum Opfer fiel. Links sehen wir das Tor zum alten botanischen Garten, mit seiner lateinischen Inschrift, an der sich heute noch jeder Pennäler versuchen kann: »Florum Daedalae Telluris Gente Dissitae Maximiliani Jos. R. Consolatae MDCCCXII.« Hingegen ist das *»Clemensschlößl«* (ganz links) verschwunden, das zeitweilig das Kadettenkorps beherbergte.
Wer denkt noch daran, daß an dieser Stelle einmal das Schicksal Bayerns ausgehandelt wurde? Die Herzogin Maria Anna, Witwe des letzten Enkels von Max Emanuel, vereitelte von hier aus den Plan Karl Theodors, Altbayern gegen österreichischen Besitz in den Niederlanden zu vertauschen. Das war um 1780 herum, wer's genauer wissen will, mag's in Benno Hubensteiners Bayerischer Geschichte nachlesen.

37 Die alte *Schackgalerie* in der Briennerstraße hat Lorenz *Gedon* 1874 im Überschwang eines neuen Renaissancegefühls für den Kunstmäzen Grafen Schack gebaut. Trotz Emanuel von *Seidls* Umbau 1895 blieb sie ein wunderliches Gebilde. Die beiden Fahnenmasten mit dem Reichsadler zeigen an, daß das Haus samt seinen Schätzen Besitz des Deutschen Kaisers war, dem es der über München verärgerte Graf Schack geschenkt hat. Die Neue Schackgalerie steht in der Prinzregentenstraße neben der ehemaligen Preußischen Gesandtschaft.

38

38–39 Das *Café Luitpold,* 1892 von Architekt Lasne erbaut, ließ auf Jahrzehnte hinaus alles weit hinter sich, was den Münchnern an Pracht geboten wurde; selbst die großen Kaufhäuser erreichten diesen Glanz nicht. Deutsche und italienische Renaissance, Barock und Rokoko waren die Vorbilder für die »märchenhaft schöne Ausstattung«, und daß innen wie außen »echte Materialien«, Marmor und Bronze, Holz und Gold, verwendet wurden, rühmten die gipsgewohnten Zeitgenossen am höchsten. Heute verschollene Künstler — Louis Braun vielleicht ausgenommen — arbeiteten zusammen an dem Wunderbau, der auch nach der Wandlung des Geschmackes Bedeutung behielt.

Der Mensch gewöhnt sich an das Großartigste, wenn es ihm alltäglich geboten wird. Welch überwältigenden Eindruck das weitläufige »Etablissement« mit seinen sieben Sälen 1897 auf die Unschuld vom Lande gemacht hat, ist von Hans *Carossa* im »Jahr der schönen Täuschungen« beschrieben, der als Achtzehnjähriger nach München kam; wir bringen diesen Auszug, auch weil wir den Lesern einen gültigen Begriff davon geben wollen, wie ausgezeichnet München von berufenen Federn geschildert worden ist:

»Bald umfing mich der Kaffeepalast mit seinen Prachträumen, darin sich die Schritte von selber verlangsamten. Alles war hier danach angetan, dem Neuling vorzuspiegeln, er habe ein Heiligtum betreten. In gläsernen Linien glühten Fäden elektrischen Lichts; das leuchtete weiter in schwarzen Marmorsäulen. Den bildergeschmückten Decken und Wänden galten die nächsten Blicke; da stand in goldumrahmtem Schneefeld splitternackt ein geflügeltes Kind, von Raben umkrächzt, das Gesichtchen zum Weinen verzogen; anderswo ruhten zwei Liebende auf Wolken; eine Hand hob über sie den grünen Kranz des Ruhms, als hätten sie durch ihr Glück den größten Sieg errungen.

Die Freunde blieben noch aus; ich suchte ein freies Tischchen; aber nun hielt mir eine Seitenwand noch viel größere Gemälde entgegen. Es war ein ruhiges Dasein, ein Dasein ohne Widerstände, das hier in klaren Szenen sich erfüllte; doch schien ein größeres, bewegteres dahinter zu warten. Dunkelbraun vor orangenem Abendhimmel steht eine Barke, beschnitzt mit kleinen Tier- und Menschenköpfen; sie muß erst angekommen sein: Leere Netze hängen feucht an den Masten, und Knaben schütten aus Weidenkörben die Gaben des Meeres auf den Uferkies, breite, goldäugige Fische, Riesenkrebse mit gelben und himmelblauen Scheren, Muscheln voll farbiger Schatten und Scheine. Am Fuß einer Marmorstiege sitzt ein dunkler Mann inmitten unendlicher Obstfülle; ein weißes Tuch liegt auf seinem Kopf, aber es ist von einem Band so zusammengehalten, daß eine

39

Art Hut entsteht. Der Mann hat eine dunkelgrüne Melone angeschnitten; man sieht schwarzviolette Kerne im lachsroten Fruchtfleisch. Oben auf der Treppe aber steht eine junge Frau und überlegt, ob sie herabsteigen soll; eine andere beugt sich abgewandt mit aufgestützten Ellenbogen über eine Brüstung und schaut nach einem Stückchen Leinwand hin, das aus bleichem Himmel in das Bild hineinragt; es ist der Zipfel eines gelben Segels, und so fühlt man auch hier das nie Gesehene, das Meer.

Nun aber lenkten lebende Frauen und Männer, die unter den Bildern saßen, den Sinn auf sich, doch nicht für lange; denn soweit ich sah, wurden sie alle an himmlischer Anmut weit übertroffen von den jugendlichen weiß und schwarz gekleideten Mädchen, die ihnen dienten. In diesen sah ich die wahren Walterinnen des Hauses; ihr leichter Gang, die Sicherheit, mit der sie aus hohen silbernen Kannen erwünschte Getränke in Porzellanschalen gossen, dies alles atmete den Geist vornehmer Gastlichkeit, einzig würdig der glanzvollen Stätte, die den Namen des Regenten trug. Als ich nach dem Preis von Kaffee und Hörnchen fragte, fand ich ihn sehr gering und konnte nicht mehr glauben, daß dieser wunderbare Betrieb auf seine Besucher angewiesen sei, bildete mir vielmehr ein, er nehme nur der Form wegen eine kleine Bezahlung an. Leider gab es Gäste, die nicht fühlten, wo sie sich befanden. Mit den armseligen Münzen, womit sie den königlichen Aufenthalt vergüten zu können meinten, stießen sie hart auf den schimmernden Marmor der Tischplatten und gaben dadurch jenen göttlichen Mädchen zu erkennen, wie sehr sie es eilig hatten, wieder in die unfestliche Welt hinauszukommen. So störten sie die feierliche Stimmung des blau durchrauchten, wie von Gebeten durchsummten Raumes, und wenn jene taktvoll den scharfen Ton überhörten, wagten sie sogar, ihnen gebieterisch böse Worte zuzuschreien. Aber dergleichen Ungehörigkeiten achtete man hier nicht einmal des Tadels wert; ja die Trägerinnen der silbernen Kannen, für Beleidigungen unnahbar, übertrieben ihre Großmut, indem sie den Toren auch noch beim Ankleiden in ihre Mäntel hineinhalfen und ihnen nachriefen: Auf Wiedersehen!«

*

Versäumen wir nicht, in aller Kürze eines »bürgerlichen Einzelgängers« zu gedenken, des Realitätenbesitzers Heinrich Theodor *Höch*, der das Gesicht des Vorkriegs-Münchens verändert hat, durch gewagte Grundstücksspekulationen und Bauten. Zwischen Millionengewinnen und Fallisements — darunter eben das Café Luitpold und der Nymphenburger Volksgarten — lebte der seltsame Mann bis über die Jahrhundertwende in München; ganze Straßenzüge in Schwabing hat er finanziert.

40 Hauptraum einer Gruppe Münchner Firmen, auf der Ausstellung von 1908; Gabriel von Seidl hat hier den Weg vom Altdeutschen zum *Jugendstil* beschritten, der in den vielen Räumen dieser Schau vorherrscht. Nur ein paar Namen für den Wissenden: Berndl, Bieber, Diez, Eichler, Erler, Kurz, Littmann, Niemeyer, Bruno Paul, Riemerschmid, Sattler, Steinicken und Lohr, Troost, Wackerle — das waren Münchens Raumkünstler in jener Zeit.

41 Der besonders in München gepflegte Renaissance-Stil der zweiten Jahrhunderthälfte. Wer die Entwicklung der Einrichtung genauer verfolgen will, wandere durch die historischen Räume des Münchner Stadtmuseums am Jakobsplatz.

Der Wandel der Innenarchitektur gehört auch zu dem München, so wie es war, wenngleich er nicht so in die Erscheinung tritt wie das äußere Straßenbild. München war vielfach führend in der Wohngestaltung und ist es zum Teil auch heute noch.
Vom Barock bis zum Biedermeier wollen wir nicht reden, obgleich selbst nach den Bomben des Kriegs noch unwahrscheinlich viel hochwertiges Kunstgut in bürgerlichen Häusern (und nicht nur in Museen) zu finden ist — vorausgesetzt, daß man in diese Lebenskreise eindringt. Die Neugotik und das lang verlachte zweite Rokoko während der Zeit der Könige Max II. und Ludwig II. ist schon weit ärmer an Zeugnissen; die »alt- 40

41

deutsche« Renaissance ging nicht zuletzt von München aus — wer könnte, wer möchte heute in solch gediegener Pracht noch wohnen? Gabriel von Seidl und andere führten sie hinüber zum Jugendstil, der uns Kindern um die Jahrhundertwende geläufig war und dessen Einrichtungen, vom Möbel bis zur Blumenvase, jetzt mühsam aufgestöbert werden müssen. Dann kamen, im Geschmack sich wandelnd und erneuernd, die »Deutschen« und die »Vereinigten« Werkstätten. Jetzt hat sich, »vom tiefsten Tal« bis in die höchsten Stockwerke, ein neuer Einheitsstil durchgesetzt, dergestalt, daß man in der nächstbesten Geschäftsauslage feststellen kann, wie es in den modernen Wohnungen ausschaut, vom Teppich bis zum Türgriff. Ein alter Witz nähert sich der Wirklichkeit: Ein Mann geht heim in sein Reihenhaus, findet seine Frau mit einem andern im Bett, schießt beide tot — und jäh kommt ihm ein Zweifel: »Sollte ich mich in der Hausnummer geirrt haben?«

Wohlgemerkt, nichts gegen das Praktische, das Schöne — wir selbst sind zum Teil so eingerichtet, und wir wissen, anders ist es nicht darzustellen; aber wo nicht ein wenig Eigenwilligkeit dazukommt, da hilft auch der beste Farbendruck an der Wand nichts: Es bleibt die Allerweltsbehausung des Massenmenschen.

Freilich, tausendmal besser als die gräuslichen Wohnungseingeweide, die wir aus den Bombennächten »gerettet« sahen, während herrliche Möbel verbrannten: Unvorstellbarer Schund quoll aus den trauten Heimen — aber das wird nicht nur in München so gewesen sein.

42 Dieses Bild, zufällig aus einem Stapel von Aufnahmen gezogen, hat nicht nur mir, sondern vielen alten Münchnern, denen ich es zeigte, Kopfzerbrechen gemacht. Auch jetzt, da es seit Monaten vorliegt, hat sich kein Kenner mit triftigen Beweisen gemeldet. Es ist auf der Rückseite mit »Kasino-Saal« bezeichnet — aber das hat die Betrachter nur noch mehr verwirrt. Auf viele Säle ist geraten worden, aber verraten will ich von all den Mutmaßungen nichts. Nehmen wir den Raum als ein typisches Beispiel der schwerdekorativen, palmenfrohen Zeit vor der Jahrhundertwende oder kurz nachher — der Saal selbst scheint älter zu sein; aber auf Näheres möchte ich mich nicht einlassen, sondern nur schlicht bekennen, daß ich's nicht weiß.

Bei dieser Gelegenheit fallen mir hundert andere Unterlassungssünden ein: Wie viele Säle der großen Bräus und Gaststätten, der Korps, der Vereine, der Börse hätten wir wenigstens erwähnen müssen, um die schwere Pracht des alten München zu zeigen!

*

»Eine Stadt ist mehr als die Summe ihrer Straßen, Häuser und Bewohner. So, wie die Pilze aus einem weitverzweigten Wurzelgeflecht wachsen, so wachsen auch die Städte aus den Kräften des ganzen Landes. Man kann sie nicht einfach herstellen, wie einen Gebrauchsgegenstand. Ein Stilgefühl besonderer Art ist der Stadtgeist (der Genius loci).« — Das sind etwa Leitsätze von Alexander Mitscherlich über »die Unwirtlichkeit unsrer Städte«.

43

44

43—44 Der um 1890 abgebrochene *Wintergarten* Ludwigs II., von außen scheußlich, von innen ein historisches Zeugnis seiner Zeit, der von Richard Wagner, maurischer Kunst und Palmensehnsucht genährten Schwärmerei des einsamen Königs.

45—47 Der Märchenkönig Ludwig II. und sein tragisches Ende sollen am Beginn unserer Betrachtung stehen; denn obgleich diese Jahre, von 1864 bis 1886, teilweise noch vor der Zeit liegen, die wir eigentlich im Auge haben: Dieser König hat noch lang über seinen von Legenden umgebenen Tod hinaus Bayern und München beherrscht, und es währte bis zur Jahrhundertwende, bis der anfangs gar nicht so sehr beliebte Onkel, der *Prinzregent Luitpold* (47; von Kaulbach), durch die Kraft seiner Persönlichkeit und zuletzt durch die Ehrwürdigkeit seines Alters das Idol Ludwig verblassen ließ. Unsere Väter haben jene Welt miterlebt, haben uns Kindern von ihr erzählt; und heute noch ist das Andenken, selbst von Vereinen gepflegt, lebendig, zumal die Gestalt und das Schicksal Richard Wagners untrennbar mit König Ludwig verbunden sind. — Für die Baugeschichte *Münchens* ist dieser baubesessenste aller Wittelsbacher unerheblich. Nur für das Kapitel: »Architektur, die nicht gebaut wurde« spielt er eine Rolle: An der Stelle, wo heute der Friedensengel steht, wäre beinahe von Gottfried Semper das Festspielhaus gebaut worden, das später in Bayreuth und im Prinzregenten-

45 theater weitaus bescheidener verwirklicht wurde.

*

46 *Die Stadt der Wittelsbacher.* Viele Bilder müßten wir zeigen, wollten wir auf die Bedeutung des Hofes für München näher eingehen. Die *Residenz* der Wittelsbacher, 1385 an Stelle des »Alten Hofes« begründet, wuchs unter den Herzögen, Kurfürsten und Königen zu ihrer heutigen Größe heran, vielbewundert als der großartigste Fürstensitz des Abendlandes. Der Schwedenkönig Gustav Adolf hätte die Residenz gern nach Stockholm gerolllt, an Bewunderern hat es ihr nie gefehlt. Eigenartig ist ihre enge Verbindung mit dem bürgerlichen München (Residenzstraße), Fürst und Untertan konnten sich in die Fenster sehen. Die Baugeschichte ist verwickelt; wir erwähnen nur drei Brände, 1674, 1729 und 1750; die Zerstörung im letzten Krieg war also nicht das erste Unglück, das den herrlichen Bau traf. Mit beispielloser Tatkraft wurde die Residenz unter Führung von Professor Rudolf *Esterer* wiederhergestellt; nur Eingeweihte werden die unersetzlichen Verluste bemerken, die sie erlitten hat.

Der strenge Jakob *Burckhardt,* der 1877 an dem »alten, abgestandenen« München Ludwigs fast kein gutes Haar läßt und der froh ist, der jämmerlichen Maximilianstraße ohne Schlagfluß entronnen zu sein, nimmt nur den Thronsaal von seinem Vernichtungsurteil aus: Er

Preis 10 Pfennig.

Viertes Extrablatt

des

„Gemeindebürger".

Ausgegeben 15. Juni um 2½ Uhr Nachmittags.

Originalbericht.

Warum man den König nach Berg gebracht.

In Hohenschwangau und Umgegend war die Erregung groß. Der König selbst wurde erst durch Oberregierungsrath von Müller beruhigt.

Ehe er Hohenschwangau verließ, that er die Aeußerung:

„Daß man mir die Regierung nimmt, das ertrag ich, aber daß man mich für irrsinnig erklärt, das überleb ich nicht."

Solche Aeußerungen steigerten die Erregung und man fürchtete sich, den König nach dem Linderhof zu bringen, um der Tyroler willen.

Zweimal war alles zur Flucht des Königs vorbereitet. Aber er verschmähte es, zu fliehen.

„Wollte ich der Sache entgehen, so stürzte ich mich in die Schlucht herab vom Thurm."

Als der König aus dem Zimmer trat, griffen ihm zwei Wärter unter die Arme. Er warf Dr. von Gudden einen langen finsteren Blick zu. Dann stieg er allein in den Wagen, seinen Wagen, nicht den Irrenhauswagen, den man herangebracht. Dann ging die Fahrt, vorneauf saß ein Oberwärter, mit doppeltem Relaiswechsel nach Berg.

Hier konnte der König jede Gelegenheit für sein Vorhaben — er hat sie benützt. Die Stelle, wo der König auf der Flucht zum See durchgebrochen, liegt auf Mitte Wegs vom Schloß zu Leoni. Gebüsch ist geknickt, zwei Fähnlein bezeichnen die Stelle, zwei kleine Hölzchen den Platz, wo Rock und Hut des Königs lagen. Gudden hat den König zu halten versucht. Mit einem Ruck hat der König beide Röcke, die Aermel ineinander, fahren lassen.

Dann gings hinein in den See. Es war ein wüthender Kampf. Dann folgte Ruhe — die Ruhe des Todes.

Der See that sein Werk und spülte die Leichen heran. Nur 10 Meter vom Ufer lagerten die Leichen friedlich bei einander.

Die Leiche des Königs in München.

Der Sektion des Königs, die in dem sog. Marterzimmer, oberhalb der Hofkapelle in der Residenz vorgenommen wird, wohnen 8—10 Herren bei, darunter der langjährige Leibarzt des Königs

Dr. Schleiß,

der sich von seiner Krankheit nicht überzeugen will.

Auch Professor Ziemssen, die bekannte Autorität, ist zugegen.

Gleich nach der Sektion findet die Einbalsamirung statt, die Dr. Rabiling vornimmt.

allein hat etwas Großartiges, »wenngleich diese goldenen Wittelsbacher sämtlich vom Rücken her beleuchtet sind«. Er fährt dann fort: »Aber nun kam die Hauptsache: nämlich die Zimmer Kaiser Karls VII. aus den Jahren 1730–1740, geradezu der herrlichste Rokoko, der auf Erden vorhanden ist, und an Erfindung und elastischer Eleganz sogar den Prachtzimmern von Versailles überlegen. Man wird jetzt mit dem ganzen Schwarm durchgetrieben, aber ich lasse mich noch ein paarmal durchtreiben, um mir diese wunderbaren Formen noch kräftig einzuprägen. Und zwar ist es ein Crescendo, von den Vorsälen bis zum Schlafzimmer und verrückt prächtigen Toilettenkabinett.«

Zum Glück hat er offenbar den *Wintergarten* Ludwigs II. nicht gesehen, den auch wir nur noch als Kuriosum betrachten können.

Die Westfront der Residenz ist wiederhergestellt, die Patrona Bavariae auf dem Halbmond von Hans Krumper ziert das ins Hochfürstliche gesteigerte altbayerische Hausbild der Fassade, die herrlichen Portale grüßen wie seit je; auch die Bronzelöwen sind noch einmal davongekommen; der Schlußschnörkel der Wappen, die sie halten, sind Masken mit einer Nase, und diese Nasen sind blank von den vielen heimlichen Berührungen der vorbeigehenden abergläubischen Münchner (vgl. das Bild Nr. 51).

*

Nie wird München leugnen wollen, daß es, neben allem Einheimischen oder in glücklichster Verbindung mit seiner bayerischen Kraft, die edle Großartigkeit seiner höfischen (auch bürgerlichen und kirchlichen) Bauten (und vieles von seinem menschlichen Wesen!) dem südlichen und westlichen Abendland verdankt. Eine unabsehbare Reihe von Namen müßte genannt werden, von den Niederländern und Graubündenern bis zu den italienischen und französischen Meistern, gipfelnd in jenem »schönsten Rokoko Europas« (J. Burckhardt) eines Cuvilliés, dessen herrliches Theater freilich schon ein Jahr nach seiner Erbauung 1753 das Hofbauamt mißgünstig »ein verkinsteltes Gebäu« genannt hat – welch ein Glück, daß es uns bis heute erhalten geblieben ist!

*

48 So wohnte der Regent in den *Steinzimmern* der Residenz, die, an der Residenzstraße gelegen, den Blick in die Fenster der nah gegenüberliegenden Bürgerhäuser freigaben. Fürst und Volk wohnten in guter Nachbarschaft, wie sonst kaum wo auf der Welt. Den schweren Prunk der ursprünglich als Fremdenzimmer gedachten, aus dem Jahre 1615 stammenden Räume suchte sich der Regent auf seine Weise gemütlich zu machen; was dabei herauskam, zeigt unser Bild. Wir selber möchten gewiß lieber in einem neuzeitlichen Zimmerchen hausen als in einem Königsschloß mit pompösen Decken, Marmorkaminen und schweren Draperien. Über die hygienischen Verhältnisse gibt es zahlreiche Anekdoten, die wir hier nur andeuten wollen. Im Vordergrund, auf dem Tisch, die berühmten »Prinzregentenzigarren«.

49 Der Sarg mit den sterblichen Überresten des am 12. 12. 1912 verstorbenen Regenten wird von »Gugelmännern« in die Theatinerkirche getragen.

*

Über den *Prinzregenten* Luitpold, der 1886 die Nachfolge Ludwigs II. antrat, gibt es ein ausgezeichnetes Buch von Ludwig *Schrott* mit guten Bildern. – Bekannte Wittelsbacher sind noch der Bruder Ludwigs III., Feldmarschall *Leopold,* mit seiner Gemahlin *Gisela,* einer Tochter des Kaisers Franz Josef. Sie mußten viele Veranstaltungen besuchen und schliefen fast jedesmal ein – die bösen Leute warteten schon darauf. Der beliebteste Mann war der Prinz *Alfons;* auch den leutseligen Arzt und Geiger *Ludwig-Ferdinand* kannte jeder Münchner, sein Sohn ist der Historiker Prinz *Adalbert,* dessen Sohn wiederum Prinz *Konstantin,* der seit kurzem Bun-

48

49

destagsabgeordneter ist. Der Chef des Hauses, Herzog *Albrecht*, hat große Ähnlichkeit mit seinem Urgroßonkel Max II.; er tritt nur selten öffentlich in Erscheinung. Von der herzoglichen Linie können wir nur den bedeutenden Augenarzt *Karl-Theodor* erwähnen. Daß die Wittelsbacher, im Gegensatz zu anderen Fürstenhäusern, seit tausend Jahren auch bayerischen Stammes sind, mag besonders gerühmt werden.

50 Der Prinzregent und spätere König Ludwig III. im festlichen Zug zur nahen Theatinerkirche. Hubertus- und Georgirittertag waren, neben der Fronleichnamsprozession, die Anlässe, wo die sonst so gemütlich-bürgerlichen Monarchen Luitpold und Ludwig die volle Pracht des spanischen Hofzeremoniells entfalteten. Wir kennen die Geschichte, wie ein einfacher Arbeiter den harmlos dahinwandelnden König Ludwig im Herbst 1918 warnte: »Gengas hoam, Majestät, i glaub, es tuat si' was!" Hier auf dem Bild freilich sehen wir, kurz vor dem Krieg, den Fürsten noch in der Fülle seiner Pracht. 1913 wurde er, was ihm das breite Volk verübelte, zum König ausgerufen, obwohl sein Vetter Otto, der gemütskranke Bruder Ludwigs II., in Fürstenried noch dahindämmerte. Gewiß fehlte Ludwig dem »Millibauer« (im Gegensatz zu Ludwig I. dem Städtebauer und Ludwig II. dem Schlösserbauer) das Kunstverständnis seiner Ahnen, aber es ist ihm bitter Unrecht getan worden: Kein anderer deutscher Fürst hätte so wie er »das soziale Volkskönigtum der neuen Zeit verwirklichen können« (Hubensteiner). Er hatte viel Verständnis für moderne Fragen, vor allem, in einem Agrarland, für die Landwirtschaft. Und hätte im Krieg Wilhelm II. auf den König gehört (»Man kann nicht mit ihm reden, er läßt keinen zu Wort kommen!"), wäre vielleicht manches anders geworden.
Ludwig mußte fliehen und außer Landes gehen; abgedankt hat er nicht. »Erst der tote König kehrte 1921 nach München zurück – an einem regnerischen Novembertag voll dumpfer Glocken und wirbelnder Trommeln, mit Tausenden von Menschen, die schweigend an den Straßen standen ...«
Noch betrüblicher fast war, daß durch den Umsturz von 1918 der hochbedeutende Sohn des Königs, Kronprinz *Rupprecht*, seine reichen Gaben nicht mehr als Landesvater entfalten konnte. Man muß kein Monarchist sein, um diese Entwicklung zu beklagen. Rupprecht war eine ungewöhnliche Erscheinung, zum Herrschen geboren, männlich, überlegen, zur Menschenführung berufen, dazu ein Kulturträger und ein Kunstkenner von Rang. Gerade sein scharfer Blick für die Wirklichkeit hinderte ihn jedoch, sich auf Abenteuer einzulassen.

51

51–52 *Residenz, Feldherrnhalle* und *Theatinerkirche* stehen noch (oder wieder) wie in alter Zeit. Nur der an der Kirche nach Süden anschließende ursprüngliche Kloster-, später Ministeriumstrakt mit dem (von der Feldherrnhalle bereits verdeckten) *Kühbogen* ist zerstört und durch Behelfsläden ersetzt, ohne daß die Münchner großes Aufheben darum machen. Aber die Wachablösung mit ihrem ganzen Drum und Dran gibt es nicht mehr. Am Sonntag war *»die Parade«*, mit viel schöner Blasmusik von der Feldherrnhalle aus; das war der Treffpunkt ganz Münchens, vor allem der Jugend, der Offiziere und der Studenten. Eine andere Musikquelle war die »Bauernparade« im Hof des neuen Rathauses.

Nach der Parade gingen die braveren Bürger heim zum Mittagessen, andere zum Frühschoppen in den nahen »Franziskaner« oder in den noch näheren »Bauerngirgl«; er stand genau dort, wo am linken Bildrand (52) die zwei Bogenlampen den Blick auf die Residenzstraße einrahmen.

52

»München ist bayerisch geblieben . . . Einst wurde München geliebt, weil es, trotz großer Dimensionen, eine landstädtische Traulichkeit bot, in die man sich vor der anonymen Härte anderer Großstädte flüchten konnte. Heute lieben wir es, weil es als einzige Stadt der Bundesrepublik völlig Stadt geblieben ist, und zwar eine Großstadt, in der man sich anonym bewegen kann, ohne auf Schritt und Tritt an jenen ‚Gewerbefleiß' erinnert zu werden, dem andere Städte ihr neues Leben, aber auch die Problematik ihrer Form und die Künstlichkeit ihres Zusammenhalts verdanken.

München hat widerstanden, es ist eine Stadt geblieben, vielleicht keine moderne Stadt, aber eine, in der man als flüchtiger Besucher das Glück des Asphalts fühlt: Zwar kannst und darfst du hier keine Wurzeln schlagen, aber du brauchst dich auch nicht einzugliedern, man läßt dich bleiben, was du bist, versprengt, vielleicht einsam, aber dir selbst überlassen.

Soll München ein Opfer seiner sentimentalen Legenden werden, die den Nachfahren immer wieder von der blauweißen Latinität, dem Hartschier am Königsthron, vom katholischen, augenzwinkernden Freisinn und vom harmonischen Zusammenwirken biederer Gebirgler und des prächtig dekorierten Künstlervölkchens erzählen? Der trotzige Maßkrug, der dem zackigen Preußen gemütlich das Nasenbein zertrümmert, die Ludwigstraße als Eingang nach Italien, die Fronleichnamsprozession, bei der die Sozialisten geweihte Kerzen tragen, und das Oktoberfest, auf dem die Lebenslust ‚in Breughelschen Ausmaßen' überschäumt, alles das sind heute Klischees, die dazu dienen, aufzuzeigen, daß München nicht mehr das ist, was es war. Aber von welcher menschlichen Siedlung kann man das behaupten, daß sie sich nicht von Grund auf verändert habe? Jede Stadt, zerbombt oder nicht, hat sich in ihrem Wesen gewandelt — aber entscheidend ist, daß sie überhaupt noch ein Wesen hat. München hat der ungeheuren Stanzmaschine, mit der die industrielle Gesellschaft ihr Leben formt, besser widerstanden als irgendeine andere Stadt in der Bundesrepublik.

Vielleicht ist sogar das München von heute noch zu schön, um in die allmächtige Theorie von der Lebensform der modernen Konsumgesellschaft zu passen. Es gibt dort in der Tat Bauwerke, Plätze, Durchblicke und Kulissen, vor denen man immer wieder mit der gleichen Überraschung den Atem anhält.

Die Stadt ist groß genug, um der wahren Improvisation noch Raum zu bieten und dem eingefleischten Großstädter hier und da noch eine Chance zu geben. Von der Masse getragen und nicht erdrückt zu werden, im Strom der Straßen zu schwimmen, ohne sich verloren zu fühlen, den Menschen zuzusehen, ohne sich indiskret vorzukommen, in verräucherten Riesenlokalen derb zu frühstükken, ohne zum Essensempfänger degradiert zu sein, das sind die ersten Entspannungen, denen derjenige teilhaftig wird, der sich vorübergehend in München aufhält. So tritt uns München in den Stunden kurzer, aber darum doch nicht oberflächlicher Besuche entgegen, seiner Legenden entkleidet und dafür um den neuen Reiz vermehrt, in unserem Lande diejenige Großstadt zu sein, die noch die zusammenhaltende Kraft aller Menschensiedlungen besitzt, ohne unaufhörlich und aufdringlich auf ihre Zweckhaftigkeit hinzuweisen.«

Friedrich Sieburg

(Redaktionen pflegen in solchen Fällen zu schreiben, daß sie nicht durchweg die Meinung des Verfassers vertreten.)

54

53—54 Die *Allerheiligen-Hofkirche* am Marstallplatz ist nur noch eine Ruine, sie muß vermutlich den Neubauten für das Nationaltheater weichen, trotz des Einspruches zahlreicher Freunde aus aller Welt, die der »Münchner Kulturkreis zum Schutze des Münchnerischen Stadtbildes und Kulturerbes« aufgerufen hat. Am Tag Allerheiligen ward der Grundstein gelegt, *Klenze* hat sie 1837 vollendet. Ihr Hauptwert lag in den Fresken auf Goldgrund von Heinrich Maria *Hess*, die wohl die gültigste Lebensleistung des viel zu wenig geschätzten Malers waren. Ursprünglich sollten echte Mosaiken angebracht werden, nach byzantinischem Vorbild (Capella Palatina, Palermo; Markuskirche, Venedig); sie wären aber zu teuer gekommen. Der Eindruck der Fassade war immer umstritten, wirklich volkstümlich ist die Kirche nicht geworden — aber sie ist ein einmaliges Zeugnis ihrer Zeit, ein Stück abendländischen Kulturerbes.

55

56

57 

55—56 »Die gestrenge Haltung des napoleonischen Empire wahrte Andreas Gärtner 1803 im *Herkulessaal* der Residenz«, schreibt Norbert Lieb. Max Josef ließ den um 1600 von Reiffenstuel geschaffenen Raum in seinem Sinne umgestalten. Vordem stand eine Herkulesstatue über dem Kamin. Wie viele Konzerte haben wir in dem schönen Raum erlebt! Der *Neue Herkulessaal,* 1953 von Rudolf *Esterer,* dem hochverdienten Retter der Residenz, gestaltet, war früher der *Thronsaal* (56). Er wurde, eindeutiger, nach den Wandteppichen der Antwerpener Manufaktur M. de Bos, 1565, benannt, die des Herkules Taten darstellten. Der neue Raum faßt 1400 Plätze und ist, nächst dem Kongreßsaal des Deutschen Museums, der größte Konzertraum der Stadt.

57 Der Odeonsplatz ist wieder in seiner früheren Gestalt erstanden — leider ohne *Odeon,* das Ludwig I. als »Sing-, Lese- und Tonhalle« bestimmt hatte. Es war der beste und — auch wenn man die Tondichterbüsten in ihren Nischen manchmal belächelte — der schönste Konzertsaal. Wehmütige Erinnerungen ergreifen den alten Münchner, wenn er seiner gedenkt; die Akustik (manche schworen auf die Stehplätze links hinten!) war unübertrefflich. Welche Fülle musikalischer Erlebnisse bot dieser säulengetragene Raum! Unvergeßlich, wie wir im Frühjahr 1919, unbekümmert von den Schießereien der Räterepublik, um Karten für die Matthäuspassion anstanden!

Ein Juwel des wittelsbachischen München, von dem wir leider kein Bild bringen können, war das *Herzog-Karl-Theodor-Palais,* von Klenze 1830 für den berühmten Herzog Max erbaut in der Ludwigstraße, deren Zierde es war, bis Hitler es abreißen ließ, um für die verdrängte Reichsbank Platz zu schaffen. Da die Münchner an dieser »zweitbedeutendsten Fürstenwohnung« ihrer Stadt ziemlich achtlos vorübergingen und die herrlichen Innenräume nicht sehen konnten, ist dieser Verlust auch spurlos an ihnen vorübergegangen. Herzog Max war als Jäger und Zitherspieler im ganzen Tegernseer Gebiet beliebt.

Weil wir gerade vom Abreißen reden: Einer der herbsten Verluste, den aber wunderlicherweise viele Münchner so gut wie verschmerzt haben: der rüde Abbruch der südlichen *Gabelsbergerstraße* zwischen Barer- und Arcisstraße durch Hitler, Mitte der dreißiger Jahre. Hier standen so prächtige Häuser wie das des Malers Toni von Stadler oder des Botschafters von Kühlmann. Es wäre an der Zeit, die gigantischen Pläne des »größten Baumeisters aller Zeiten« wenigstens nachträglich zu erfahren, die zu den Abbrüchen (auch an der Prinzregentenstraße) geführt haben.

58 Das *Wittelsbacher Palais* war wohl, vom ersten Planungsgedanken bis zum Ende unterm Bombenhagel, das unseligste Bauwerk unserer Stadt. Widerwillig, dem Sohne Max zuliebe, ließ es König Ludwig I. in rotem Backstein im Spitzbogenstil durch Gärtner errichten. Als es 1848 fertig war, mußte Ludwig es nach seiner Abdankung selbst beziehen. Das Tor mit den zwei Löwen und die herrlichen Kastanien des Vorparks waren noch das weitaus schönste am »roten Palais«, in das dann wirklich, 1919, die »Räteregierung« einzog. Das Unglück blieb dem Hause treu: 1933 wurde es der Sitz der Geheimen Staatspolizei – nur wer selbst diese zweimalige Beschlagnahme mit Augen gesehen hat, kann sich einen Begriff von dem traurigen Schicksal dieses unmünchnerischen Hauses machen. Nach 1945 sollte dort das »Haus der Kultur« entstehen – es nistete sich jedoch die Bayerische Gemeindebank mit einem schier bunkerhaften Kasten ein, der der ganzen noch verbliebenen Noblesse der Briennerstraße schadet.

*

»Zu den am wenigsten erfreulichen Objekten im Architekturbild einer Stadt gehören unstreitig die *Bankbauten;* eine Reform des äußeren Auftretens derselben wäre wohl zu wünschen: denn in der Kunst gilt nicht der Reichtum, sondern der Geschmack.« So schrieb schon vor einem halben Jahrhundert Franz Paul *Zauner* – die ärgsten Sünden und, zugegeben, die löblichen Ausnahmen hat er nicht mehr erlebt.

*

59 Aus der Zeit von König Max II. ist, außer der Maximilianstraße, nicht viel übriggeblieben. Nur das *Zeughaus* an der äußeren Dachauer Straße steht, uns Kindern unvergeßlich wegen der herrlichen alten Kanonen, die dort aufgestellt waren und die später vor das Armeemuseum kamen.

Lange gab noch, wenn auch in veränderter Gestalt, die Frauenklinik (Gebärhaus) in der Sonnenstraße Zeugnis von ihrer Zeit, ebenso sind der alte Hauptbahnhof, die Schießstätte auf der Theresienhöhe und die (erst nach dem Tode des Königs Max 1865 begonnene) Technische Hochschule, damals »Polytechnikum«, in der Erinnerung lebendig. Der wichtigste Bau aber ist die *»Max-II.-Kaserne«* gewesen, ein weitläufiges Geviert, an dem nur vorbeiging, wer in der abgelegenen Gegend, dem bis zum Exerzierplatz Oberwiesenfeld hingebreiteten Militärgebiet, zu tun hatte. Daß die vielen Münchner, die in zwei Weltkriegen das Innere der Kaserne kennenlernten, für die eigenartige Schönheit des Gebäudes nicht schwärmten, ist begreiflich. Und doch ist es schade um dieses Haus, das einzig in seiner Art war.

59

60 Unser Bild trifft nur ungefähr das, was wir zeigen wollen: wie es heute »in der Gegend« ausschaut! Der Betrachter steht auf dem Oskar-von-Miller-Ring, der großen Umgehungslinie aus der Brienner- zur Ludwigstraße. Winklige Straßen waren einst gegen die Theatinerkirche; die schöne Front des neuen Siemenshauses und ein Parkplatz sind an ihre Stelle getreten. Im Rükken des Betrachters öffnet sich die Amalienstraße, nach vorne rechts die Gabelsbergerstraße mit der erneuerten Markuskirche. Im rechten Hintergrund jenseits der Briennerstraße stand das heute zurückgenommene Haus von »Braun & Schneider«, die Wiege der »Fliegenden Blätter«. Hier war auch das beliebte Café Frantzmann, jetzt am Lenbachplatz.

Schade ist es um das reizende Haus des Bayerischen Brauerbundes — aber daß bei einer großzügigen und notwendigen Planung Gebäude wie Bäume fallen müssen, wird jeder Vernünftige einsehen.

60

Viel zuwenig wird heute der *Anteil des Adels* an der Schönheit unserer Straßen gewürdigt — wenn wir uns auch mit der alten Kaiserstadt Wien (oder mit Prag) nicht messen können. Längst vor den Bomben des zweiten Krieges haben hier leider die Spitzhacken ihre scheußliche Arbeit getan; die vielen Schlößchen vor der alten Stadt sind oft schon im vorigen Jahrhundert abgebrochen, die Stadtpalais, gar wenn sie dem Geschäftsleben im Wege standen, sind bald nach der Jahrhundertwende eingerissen oder durch Ladeneinbauten völlig verschandelt worden. Theatiner- wie Damenstiftstraße, Prannerstraße wie Promenadeplatz haben schwer gelitten. Nur Reste sind erhalten geblieben; einiges ist wenigstens ins Nationalmuseum gerettet worden. Manche schöne Fassade ist mehr oder minder in den oberen Stockwerken erhalten — aber wer schaut schon hinauf, wenn unten riesige Glasscheiben zu einem Blick auf das reiche Angebot von Waren einladen oder wenn der eilige Mensch nur aufpassen muß, nicht von noch eiligeren gestoßen, wenn nicht gar überfahren zu werden?

62

Davon, wie märchenschön dieses Adelsviertel zu Großvaters Zeiten war — auch die Gegend der Damenstiftstraße —, können wir uns nur mehr einen schwachen Begriff machen, wenn wir in dem Buch »München und seine Bauten« blättern. Palais stand neben Palais, kein protziges Bankgebäude sprang dazwischen, kein Auto fuhr vorüber oder wagte gar zu parken, die Bürgersteige waren so gut wie menschenleer, in die breiten Einfahrten bogen die Zweispänner, hoch oben (und hochmütig) S. M. der Kutscher — gibt's auch fast nicht mehr: Diener, die den Stolz ihrer Herrschaft vertraten —, und, was wohl das Wichtigste ist: diese Palais waren noch keine leeren Schneckenhäuser, durchlöchert und ausgeweidet, noch nicht zu Läden, Büros und Abstellräumen erniedrigt oder, bestenfalls, museal sauber gehalten und doch schon dem Schicksal angeboten — freilich, eine Stimme um die andere verstummte, längst vor dem Ersten Weltkrieg, in dem Konzert der Salons, in der Musik der Geselligkeit. Namen blieben übrig, heute nur noch dem Kenner geläufig, meist mit einem

»ehemalig« vornweg: de Non (Eichthal), Porcia (Museumsgesellschaft), Preysing in der Prannerstraße – im Gegensatz zum bekannteren an der Feldherrnhalle, das Erwin *Schleich* so wundervoll und doch zeitgerecht wiederhergestellt hat (62). Daß ein Kardinal-Erzbischof eins der Häuser (Holnstein, von Cuvilliés, 1737) bewohnt, ist ein Glücksfall; die Grafen und Freiherrn haben keine Stadtpalais mehr, sie leben bürgerlich oder, bestenfalls, auf ihren Landsitzen – und wenn sie in die Stadt kommen, ist es billiger und bequemer, im »Bayerischen Hof« oder in den »Vier Jahreszeiten« abzusteigen. Aber – was ein schwacher Trost ist – so ist's auch in Wien oder in Rom, von Prag, von Warschau gar nicht zu reden.

61 *Palais Tattenbach* (später Arco), Ecke Maffei- und Theatinerstraße, erbaut um 1770, das Tor vom Schreiner Pössenbacher, abgebrochen 1910. – Ich erinnere mich noch gut, als Fünfzehnjähriger bin ich, unfroh genug, vorbeigegangen. Das Tor ist in das Nationalmuseum eingebaut.

62 Das von Erwin Schleich erneuerte *Preysing-Palais*.

Ein schlimmer Verlust ist die Verwandlung des *Palais Törring* in die Hauptpost. Wohl steht noch die klassizistische Front am Max-Joseph-Platz, aber der Eingang und das Treppenhaus, von Ignaz Gunetsrainer, 1747, ist Schalterhalle geworden. Geben wir zu, daß die Lösung angesichts der Notwendigkeit erträglich geblieben ist. 63

64

63 Das *Muelich-Haus* (Wohnung des berühmten Malers), erbaut um 1500(!), Fassade um 1735, ist wiederum ein Beispiel für viele, die beweisen, wie der Bürger als Edelmann es wohl mit der Aristokratie aufnehmen konnte.

64 Kaum trauen wir unseren Augen: So friedlich, im Grünen geborgen, stand einmal das *Prinz-Carl-Palais*, der heutige Sitz der »Bayerischen Akademie der schönen Künste«, am Eingang der (ebenfalls noch stilleren und unbegradigten) Königinstraße. Karl Fischer hat das Haus 1803 für den Minister Abbé von Salabert gebaut, dann besaß es Prinz Carl, zuletzt war es der Sitz der österreichischen Gesandtschaft. Schon jetzt vom Verkehr umbraust, schwebt das herrliche Gebäude bei der geplanten Unterführung des Ringverkehrs in Gefahr, fast buchstäblich unter die Räder zu kommen. Fischer wollte »die private Existenz steigern bis auf die Höhe eines königlichen Daseins«.

Verschwundene Grünflächen, verknappte Vorgärten, gefällte Baumreihen — sie gehören auch zu jener »schleichenden Inflation«, die das Stadtbild entwertet. Tankstelle neben Tankstelle, wo eben noch ein malerisches Häuschen stand, ein Apfelbaum blühte. Hochhäuser, wo wir Kinder unsre Drachen steigen ließen — gewiß, es ist der Lauf der Welt, unser Großvater hat schon über Veränderungen geschimpft, die uns heute selbstverständlich geworden sind. Und die Urgroßväter haben den »narrischen« Kronprinzen Ludwig verspottet, der die klassischen Bauten aufs freie Feld gestellt hat. »Die Welt wird wohl in Ordnung sein — nur Du paßt nicht mehr recht hinein!« Ein bißchen Wehmut wird man den alten Leuten doch erlauben dürfen, ohne sie gleich zu verlachen, wenn sie die grünen Pfade der Erinnerung wandeln wollen.

*

Lobt einer die »gute alte Zeit«, kommt man ihm mit dem Hinweis auf schlechte Zahnärzte, auf durchgebrochene Blinddärme, geringe Lebenserwartung — oder auch auf miserable Verkehrsverhältnisse, mangelnden Komfort, hygienische Greuel, schlimme soziale Zustände und dergleichen. Diesen Mißhelligkeiten könnte man allein mit der Ziffer der *Verkehrsopfer* leicht begegnen — aber mit so schwerem Geschütz wollen wir gar nicht kommen, denn wenn wir vergleichen, daß eine Zeitung früher einem gestürzten Droschkengaul so viele Zeilen widmete, wie heute drei tödlich überfahrenen Menschen, faßt uns der Menschheit ganzer Jammer an. Wir wollen nur ganz bescheiden daran erinnern, daß viele vermeintliche Fortschritte, z. B. das Telefon, das Taxi, nur Prothesen sind, die man in der kleinen Stadt nicht brauchte (cum grano salis, natürlich!), und daß man früher besser bedient wurde — täglich fünfmal frische Semmeln, zweimal Zeitung, dreimal Post usw., von den Einkaufszeiten gar nicht zu reden!

65

Ein ganz kleines Kapitel sei auch dem *Münchner Tierleben* gewidmet; weniger den zoologischen Wissenschaften — die staatlichen Sammlungen mögen weltberühmt sein, zu sehen sind sie nicht mehr wie einst, in der Alten Akademie. Auch von den Menagerien wollen wir nicht reden, von den oft gescheiterten Versuchen, einen zoologischen Garten zu schaffen: Heute haben wir den schönsten des Abendlandes! Und schon gar nicht von den Wanzen, für die manche Stadtviertel berühmt waren — das gab's in anderen Städten auch! Aber von den *Hunden*, den Dackeln und Zamperln vor allem, die der Münchner sprichwörtlich liebte (und überfütterte). Wissen die Leser, daß allein 1965 an die 3000 Vierbeiner abgemeldet worden sind, weil sie als Großstadthunde vor die Hunde gingen?

65 An der Stelle der *Alten Polizei*, Weinstraße 13, ist seit 1948 der große Parkplatz hinterm Rathaus, gewiß eine Notwendigkeit für die von Kraftwagen überquellende Stadt. Frau Justitia kann sich am wenigsten beschweren, denn ihr wurde schon kurz vor dem ersten Krieg von Theodor Fischer in Anlehnung an den Augustiner-Stock in der Neuhauser Straße und in der Löwengrube ein großartiges Haus errichtet — es bietet, die Michaeliskirche an der linken Flanke und die Frauen-

66

67

68

kirche im Hintergrund, den schönsten Blick auf die Altstadt. Die Alte Polizei diente nach 1913 freundlicheren Zwecken, so daß auch mancher Münchner das Gebäude ohne Furcht und Zagen betreten konnte. Ursprünglich war das Polizeipräsidium der Sitz der Englischen Fräulein, die aber längst in Nymphenburg beheimatet sind. Zuccali hatte das Kloster 1694 erbaut, es war ein richtiger italienischer Palazzo, freilich brachte seine Bestimmung etwas Kasernenmäßiges mit sich.

66 Unter welchem Namen sollen wir das *Volkstheater* am Isartor in die Erinnerung zurückrufen? Als Theater wurde es 1812 von d'Herigoyen erbaut, eine entzückende Anlage, die mitten im Grünen stehen sollte. Aber der Neid des Hoftheaters erzwang schon bald seine Schließung; es verwahrloste als städtisches *Leihamt*, schließlich wurde es ein *Kino*. Es fiel den Bomben zum Opfer.

67 Die *Fronfeste* am Unteranger wurde 1820 von Johann Nepomuk *Pertsch* errichtet, der durch den Bau der Matthäuskirche 1833 noch bekannter geworden ist; aber die Fronfeste war der weitaus eindrucksvollere Baukörper: »Nicht ohne Beklommenheit ging man an ihrer Fassade vorüber«, meint Hans Karlinger.

69

68 Die *Matthäuskirche* am Südende des Karlsplatzes, in der Sonnenstraße, die älteste protestantische Kirche der Stadt, ist von den Münchnern nie so recht gewürdigt worden; sie gaben ihr sogar den Spottnamen »der Spucknapf«. Vielleicht hätte selbst Hitler sie geschont, aber der Gauleiter Wagner ließ sie aus eigener »Machtverkommenheit« abreißen. Baurat J. N. *Pertsch*, der Erbauer der Fronfeste, hatte sie im Geiste Weinbrenners 1833 vollendet. Bei der Beurteilung der Matthäuskirche müssen wir gerechterweise bedenken, daß sie auf einem ursprünglich stilleren Platze stand und die Bürgerhäuser ihrer Umgebung weit überragte, was auch dem Campanile zugute kam. Später geriet die Kirche mehr und mehr in den Wirbel des Großstadtverkehrs und in den Schatten hoher Geschäftsbauten. Den Stadtplanern von heute ist vermutlich durch den Bubenstreich der Nazis ein hartes Problem erspart worden.

69 *Sankt Bonifaz.* — »Ich bin gesonnen, dem Apostel der Deutschen in München eine Kirche zu erbauen, und zwar in Form einer *Basilika!*« sprach Ludwig I. schon 1827 (zwei Jahrzehnte nach der Säkularisation!) zu seinem Architekten *Ziebland*, der daraufhin eifrig die italienischen Großkirchen studierte. Der Bau zog sich von 1835 bis 1850 hin, zugleich wurde ein Benediktinerkloster gegründet, dessen erster Abt, Haneberg, ein Freund des Königs war. In der Basilika bestellte sich Ludwig auch schon zu Lebzeiten sein Grab, einen freistehenden Sarkophag nach Art der Normannenfürsten in Sizilien.
Merkwürdigerweise ist das dem heiligen Bonifaz geweihte Gotteshaus in München nie so recht »heimisch« geworden, seine gewaltigen Ausmaße werden, auch in der Erinnerung, nur zu leicht unterschätzt: fünfschiffig mit halbkreisförmiger Apsis, 76 m lang, 36 m breit, 23 m hoch! Durch schwere Bombentreffer ist die Apsis mit Christus in der Gloria zerstört, die ganze Kirche verkürzt. Die sieben Meter hohen, aus jeweils einem Stein gehauenen Granitschäfte sind besonderer Bewunderung würdig. Wir Kinder — ich ging in die nahe Luisenschule, und der Pater Johannes Klingl, unser Religionslehrer, ist wohl der älteste Münchner, dessen ich mich entsinne, denn er dürfte die Befreiungskriege noch als Einjähriger mitgemacht haben —, wir Kinder also lasen, wie aus einem Bilderbuch, die vielen Legenden und Geschichten von den Fresken ab, die Heinrich Hess und seine Schüler an die Wände gemalt hatten; auch der blaue Himmel des Sparrendachs mit den goldenen Sternen ist unvergeßlich. Freilich habe ich seither in Rom die Vorbilder gesehen, die nun doch gewaltiger und inniger zugleich ansprachen. Zu wünschen wäre gleichwohl, daß Sankt Bonifaz wieder im alten Glanz erstünde.

70 Kardinal Michael *von Faulhaber*, 1869 im unterfränkischen Heidenfeld geboren, war der gewaltige Kirchenfürst und unerschrockene Kämpfer des Christen-

tums während des Dritten Reiches. Seit 1917 war er Erzbischof. 1952 ist er gestorben. Sein bedeutender Vorgänger, Franz von Bettingen, bleibe gleichfalls unvergessen; und der spätere Papst Pius XII. war als Eugenio Pacelli lange Zeit Nuntius in München.

71 München, seiner vielen Kirchen wegen mit Rom verglichen, war immer eine katholische Stadt, erst nach 1800 bekam ein Protestant das Bürgerrecht; und trotz der Umschichtung der Bevölkerung nach dem Zweiten Weltkrieg hat die Stadt ihr geistliches Gesicht nicht verloren, das sie bei der großen *Fronleichnamsprozession* am strahlendsten zeigt. Der königliche Hof freilich, der dem festlichen Umzug erst seinen vollen Glanz gab, ist nicht mehr dabei: »Und dann kommt der Prinzregent, Prinzregent, mit der Kerzen in die Händ, die wo gar net brennt!« — das sind verschollene Zeiten; wenn übrigens wer meinen sollte, das lustige, berühmte Spottlied vom »Umgang« hätte je der feierlichen Würde Abbruch getan, der verkennt die bayerische Volksseele gründlich. Unser Bild einzeln erklären, mit all den Würdenträgern, hohen Militärs, Pagen und Hartschieren, spalierbildenden Soldaten, das können wir nicht; aber wir bitten den Betrachter, sich einen weißblauen Junimorgen vorzustellen, grüne Birken und rote Tücher an allen Häusern, Farben, Farben, weiß und golden, schwarz und braun, Glockengeläut und große Musik, beschwörendes Gebet, mit dem Weihrauch zusammen aufsteigend zum Himmel: dann erfaßt er vielleicht das mächtige Geheimnis dieses Tages.

70

71

72

72–74 »Nein, mir gefällt er nicht, der neue Burgemeister! Nun, da er's ist, wird er nur täglich dreister.« Anders in München: So gern die Leut hier auch granteln und nörgeln, mit ihren Bürgermeistern durften sie im großen und ganzen zufrieden sein, von den schon fast legendären Männern *Mittermayr, von Steinsdorff* und *von Widenmayer* bis zum heutigen OB Hans Jochen *Vogel*, der zwischen dem München, wie es war, und dem, wie es sein wird, mit Herz und Verstand zu vermitteln sucht.

Im Jahre 1893 wurde Wilhelm *von Borscht* (72) fast einstimmig gewählt, ein Vierteljahrhundert war er der Lenker der Stadtentwicklung, ein rechter Friedensbürgermeister mit unendlich vielen Orden und Titeln, für uns Kinder — er war ein Freund meines Vaters — fast so ehrfurchtgebietend wie der Prinzregent, aber auch so leutselig wie dieser. Münchens Einwohnerzahl hat sich in seiner Zeit verdoppelt; die Bauordnung, viele Isarbrücken, der Ausstellungspark, die Entwicklung von Gas und Elektrizität, das Arbeitsamt waren Borschts Verdienste, auch am Deutschen Museum hat er kräftig mitgewirkt. Wohnungsnot freilich gab's nur im umgekehrten Sinn: Fast viertausend Wohnungen standen 1913 leer!

Nach den schweren Rätetagen 1919 kam der Sozialdemokrat Eduard *Schmid* ans Ruder, kein geborener Münchner, ein Schreiner aus dem Schwäbischen, ein schlichter und milder Mann, der es schwer hatte in der aufgeregten Zeit und in der Inflation — ganz zu schweigen vom Hitlerputsch, wo Halbwüchsige den kleinen, aber würdigen Weißbart schon in den Wald geschleppt hatten, um ihn zu erschießen. Seine harte und undankbare Aufgabe ist bis heute viel zuwenig gewürdigt worden.

Ein Bäckerbub aus Haidhausen war in all den Jahren ins Münchner Leben und in die Zentrumspolitik hineingewachsen: Karl *Scharnagl* (73). 1925 trat er sein Amt als Oberbürgermeister an, 1929 wurde er wiedergewählt, 1933 mußte er dem Nationalsozialisten Karl *Fiehler* weichen, der — mutig und gerecht sei es gesagt — auch nicht der schlechteste Mann gewesen wäre, wenn nicht der »tolle Christian« Weber, einer der übelsten Burschen, das Heft in die Hand bekommen hätte. Im Mai 1945, als die Stadt in Trümmern lag, wurde Scharnagl wieder geholt und blieb bis 1949 im Amt. Die Zahl der Anekdoten, die über ihn umgingen, ist groß; trotz aller Schwierigkeiten sachlich-unsachlicher wie persönlicher Art ist er ein volkstümlicher Bürgermeister gewesen, Ehrendoktor, Indianerhäuptling und Reiseonkel. Acht Millionen Dollar hat er aus Amerika mitgebracht, viele Gäste aus aller Welt hat er im Rathaus empfangen. »Sei' tuats was!« war sein Leibspruch, er ist den älteren Münchnern noch geläufig.

Nun folgte dem schwarzen Mann wieder ein roter; und wieder war's ein Handwerker, ein Schreiner, Thomas *Wimmer* (74), vielbesungener und selbst unentwegter Sänger der »Trümmerballade« — sein großes Verdienst ist die Beseitigung des Schuttes; leider wurde darüber mehr als einmal die größere Aufgabe eines zukunftplanenden Wiederaufbaues versäumt. Als Bieranzapfer und urwüchsiger Redner ist der schlichte und gemütliche Mann volkstümlich geworden wie kaum ein zweiter; aber auch seine Leistungen sollten wir nicht vergessen.

München, so wie es war: Da dürften wir uns, aus dem Bereich der Stadtverwaltung, auch des zweiten, rechtskundigen Bürgermeisters *Küfner* erinnern, des wahrhaften Kulturträgers Bürgermeister Walter *von Miller* und des bedeutenden Münchner Originals, Professor Hans Ludwig *Held*.

*

Und jetzt wollen wir unserem höchst lebendigen Oberbürgermeister Hans Jochen Vogel das Wort geben:

»München ist binnen weniger Jahre zu einem der bedeutendsten Industriezentren der Bundesrepublik aufgestiegen und ist Mittelpunkt eines Prozesses, der auf die Bildung eines großen bayerischen Industriereviers im Dreieck München—Augsburg—Ingolstadt zusteuert.

Natürlich ist ein Stadtkörper, der sich in einigen Jahrzehnten stärker wandelt als früher in Jahrhunderten, einer Fülle von Belastungen ausgesetzt. Das stürmische

73

74

Wachstum hat zu einem Anschwellen des Lebensstromes geführt, der nur noch durch außergewöhnliche Anstrengungen zu bändigen und in geordnete Bahnen zu lenken ist. München steht damit in einer harten und langdauernden Bewährungsprobe, die nicht nur Stadtrat und Stadtverwaltung, sondern ebenso die gesamte Bürgerschaft trifft. Das augenfälligste Beispiel dafür liefert der *Verkehr,* der durch sein sprunghaftes Ansteigen immer schwierigere Probleme aufwirft, die erst in einer Reihe von Jahren ihre endgültige Lösung finden können. Im Stadtgebiet sind heute rund 260 000 Kraftfahrzeuge zugelassen, pro Jahr kommen weitere 20 000 hinzu. Die weißblauen Straßenbahnen und Omnibusse befördern pro Tag fast eine Million Fahrgäste, und die Zahl der Menschen, die täglich in beiden Richtungen die Grenzen der Landeshauptstadt überschreiten, ist seit Beginn des Zweiten Weltkrieges von rund 200 000 auf über 600 000 hochgeschnellt.

Ähnlich ist die Situation auf anderen Gebieten. Die industrielle Entwicklung ließ die Zahl der Arbeitsplätze seit 1950 von 423 000 auf 700 000 ansteigen, also noch viel schneller wachsen als die Einwohnerzahl.

... München hat im Laufe seiner 800jährigen Geschichte schon wiederholt als Folgen politischer Ereignisse Zeiten der Wandlung erlebt. In keinem Fall hat die Stadt dabei ihre Persönlichkeit verloren, denn die Antwort auf die Herausforderung der Geschichte war niemals eine nur wirtschaftliche, sondern entsprang jeweils einem Reichtum an geistigem und künstlerischem Gestaltungsvermögen und war getragen von der auch heute noch ungeschmälerten Kraft dieser Stadt, Fremdes aus aller Welt in sich aufzunehmen und es in Eigenes zu verwandeln.

Im Vertrauen auf diese Kräfte begegnen Stadtrat und Bürgerschaft auch dem gegenwärtigen Wachstumsprozeß. Der Leitgedanke des Handelns heißt: *München muß München bleiben.* Auf diesem Hintergrund muß die gesamte Entwicklung gesehen werden. Es darf auf keinen Fall eine zwar technisch perfekte, aber seelenlose ‚Stadtmaschine' entstehen, sondern es geht darum, einen klar gegliederten, gesunden Stadtorganismus zu gestalten, der sich selbstverständlich aller Errungenschaften der modernen Technik bedient, in dem aber zugleich die historisch gewachsene Schönheit und die freie Lebensatmosphäre erhalten bleiben. Dieses Ziel war und ist nur zu erreichen durch die Formung eines klaren Leitbildes, wie das München von morgen aussehen soll. Die Bändigung und Ordnung der Wachstumskräfte

dieser Millionenstadt, die jetzt auf ihrem Höhepunkt stehen, kann nicht allein durch technische und wirtschaftliche Überlegungen erfolgen. Das Gesicht dieser Stadt ist nicht entscheidend geprägt von Zweckbauten aus Stahl, Beton und Glas. Das unverwechselbare Fluidum ihrer Atmosphäre, ihr eigenartiger Reiz, der ihren Ruhm über die ganze Welt ausgebreitet hat, strömt aus den Schatzkammern ihrer Geschichte, die nicht nur in Kirchen, Schlössern, Museen, Denkmälern und Galerien bewahrt, sondern die auch in geistigen Überlieferungen, in toleranter Weltoffenheit und in volkstümlichen Bräuchen lebendig geblieben ist. München ist in erster Linie immer noch geistiges und kulturelles Zentrum. Das Oktoberfest gehört dazu, ebenso wie die internationale Begegnung auf kulturellem, wissenschaftlichem oder religiösem Gebiet, das bayerische Volkssängertum ebenso wie das zeitkritische Kabarett und das Theater in allen seinen Spielarten, von der kleinen Experimentalbühne bis zum glanzvollen Bayerischen Nationaltheater, das im November 1963 wiedereröffnet werden konnte. Nicht umsonst sind nicht weniger als 200 000 Einwohner dieser Stadt Schüler, Studenten, Lehrer oder Professoren, nicht umsonst besitzt die bayerische Landeshauptstadt mit 110 000 Ausländern die stärkste Ausländerkolonie Westdeutschlands und kann sie sich rühmen, daß ein Drittel ihrer Gäste aus anderen Ländern kommt. Das sind Zeichen dafür, daß in dieser Millionenstadt, die im gleichen Atemzug auch oft Millionendorf genannt wird, das Leben kräftiger, fröhlicher, farbiger und tiefer pulsiert als in vielen anderen Orten dieser Welt. Dem Fortschritt seine Bahn zu schaffen und dennoch das Wesen dieser Stadt auch in der zweiten Hälfte dieses Jahrhunderts zu bewahren — das ist die Aufgabe, an deren Bewältigung Stadtrat und Bürgerschaft voll Zuversicht arbeiten.«

75 So innig konnte Oskar *von Miller* oft lächeln, erstens, wenn er, der »Millionenbettler«, etwas erreichen wollte und zweitens, wenn er es erreicht hatte. Dazwischen war er aber auch als »weißblauer Despot« berühmt, der seinen eisernen Willen durchzusetzen wußte. Er hat das »Deutsche Museum« geschaffen, eine heute schon sagenhafte Leistung. Nicht in einer Industriestadt sollte dieses Riesenhaus der Technik entstehen, sondern in der Kunststadt München. Und das ist dem Museum zum Heil geworden, es ist vom Geist der Stadt durchdrungen, weniger vom Äußeren her als in seiner inneren Gestaltung. Ja, das Spielerische lockert selbst den starren Stoff: Reizende Modelle erwarten uns, überall *(fast* überall!) können wir ein bißchen mitdrehen oder wenigstens auf Zauberknöpfchen drücken — und der Röntgen war nicht wenig verblüfft, als ihm Miller erklärte, er wolle den Besuchern ermöglichen, ihren Geldbeutel selber zu durchleuchten. Ein springlebendiges, klingendes Museum!

76 Lieber Leser, Sie täuschen sich! Auf den ersten Blick meint mancher: »Aha, das *Deutsche Museum«!* Aber nein, es ist die *Kohleninsel* aus dem Jahr 1898, mit der berühmten Ausstellung; wenn wir also wollen, der erste Traum des Deutschen Museums, zu dem dann, acht Jahre später, 1906, der Grundstein gelegt wurde — die ersten Sammlungen waren in der Maximilianstraße untergebracht. 1908 begann Gabriel von Seidl mit dem Bau, der in drei Abschnitten (zuletzt Kongreßsaal und Bibliothek) unter mehreren Nachfolgern fertiggestellt wurde. Trotz der schrecklichen Zerstörungen steht das Museum im wesentlichen wieder, Jahr für Jahr werden alte Abteilungen wiederhergestellt und neue eröffnet.

Unser Bild ersetzt dem kundigen Kinde der Stadt ein ganzes Bilderbuch: Vorne die Vorstadt Au mit der breiten Lilienstraße, die zum Mariahilf-Platz führt. Ehemals dehnte sich die bekannte *Auer Dult* nicht nur durch diese Straße aus, ihr Vergnügungsteil sprang bis jenseits der Ludwigsbrücken über, wo er (rechter Bildrand) den Platz einnahm, auf dem heute der Vater-Rhein-Brunnen von Hildebrand steht. Folgen wir den (inzwischen verbreiterten) zwei Brücken, so kommen wir in die Zweibrückenstraße (dort stand einmal der Rote Turm, um den während des Bauernaufstands von 1705

— Schmied von Kochel! — erbittert gekämpft worden ist). Jetzt sehen wir, etwas schemenhaft, die Schwere-Reiter-Kaserne, an deren Stelle heute das Deutsche Patentamt steht.

Nun zur Kohleninsel selbst: An die Ausstellung kann ich mich natürlich nicht mehr erinnern; und mancher noch viel ältere Münchner, dem ich eine Aufnahme des klassischen Säulenportals gezeigt habe, hat geschworen, es sei ausgeschlossen, daß so ein Gebäude je in München gestanden habe; es schaut nämlich nicht wie ein Provisorium, sondern wie ein »echter« Tempel aus. Aber aus meinem vierten Lebensjahr ist mir die Wasserrutschbahn (halblinks, bei der kleinen Brücke) unauslöschlich im Gedächtnis: Auf Booten, von Matrosen bedient, sausten wir, Mutter, Tante, Bruder und ich, in den stillen Isararm — beim Aufprall gab's einen Ruck, mein Bruder stieß sich an der Banklehne, und ein »nichtendenwollendes« Nasenbluten beendete das erste Abenteuer meines Lebens.

Freilich, ich hätte mehr vom Deutschen Museum berichten sollen — aber das ist ja allenthalben schon genügend geschehen —, genug ist nicht genug: Man kann gar nicht so eindringlich für dieses Wunderwerk werben, wie's es verdient!

77–80 Nur noch eine kurze Beschreibung der Bilder auf diesen Seiten: Seine Majestät Kaiser Wilhelm II. kam im November 1906 mit der Kaiserin nach München zur Grundsteinlegung; es war richtiges »Kaiserwetter«. Am Hauptbahnhof (Bayerstraße, wo noch Platz für gärtnerische Anlagen war!) wurden die Majestäten empfangen: Selbst ein Antimilitarist sieht vielleicht mit Vergnügen die schmucken Ulanen! Von der Residenz aus ging es zum Festplatz, hier sehen wir den Kaiser, inmitten der Generalität in der Uniform der Totenkopfhusaren. Die Grundsteinlegung selbst ist durch ein Gemälde von Georg Waltenberger festgehalten, es ist bekannt genug: Der Kaiser mit dem Hammer, Prinzregent mit Gemahlin, Kaiserin, Prinz Ludwig vor dem Stein, im Hintergrund Kronprinz Rupprecht und Oskar von Miller, inmitten der führenden Gelehrten und Industriellen. Die Stadt hatte den Bauplatz und eine Million, Bayern und Reich je zwei Millionen beigesteuert, die Industrie große Stiftungen gemacht.

Die beiden letzten Bilder zeigen (80) die Gruppe Verkehr beim Festzug 1925 und München im Straßenschmuck (79), wie er bei vielen Gelegenheiten, hier beim Bundesschießen 1906, geboten wurde.

77

78

79

80

Ein wenig Bibliographie: Kaum meint der vom Setzer gehetzte Verfasser das Wichtigste einigermaßen in den Griff bekommen zu haben — schon schlägt er eins der hundert Bücher über München auf und findet Text und Bilder, deren er nicht die leiseste Erwähnung getan hat. Er sieht im Geiste den gestrengen Leser, der hämisch sagt: »Wieder einmal keine Ahnung gehabt!« Nun, wer's so genau wissen will, bedenke, daß Zeit und Raum knapp waren — er greife zu den ausführlichen, bilderreichen Bänden, denen auch der Verfasser sich verpflichtet weiß; ausplündern, wie das heute so üblich ist, wollte er diese Bücher nicht; ein paar wichtige seien genannt: »Lebendiges München«, zur 800-Jahr-Feier zusammengestellt von Rolf Flügel; »München im Wandel der Jahrhunderte« und »Schönes altes München«, zwei Bände von den Freunden Münchens; die gründlichen Bücher von Karl Spengler; das geistreiche von Wilhelm Hausenstein; das Erinnerungsbuch der Künstlergesellschaft »Allotria«; Georg Jacob Wolfs »Ein Jahrhundert München«; Heinrich Kreisel: »München«; »Gastfreundliches München« von Wilhelm Zentner; »Stadt der Lebensfreude« von Ernst Hoferichter; »Allotria — Münchens Künstlerleben«. Paul Zauners verdienstvolles Nachschlagebuch »München in Kunst und Geschichte« ist leider vergriffen, ebenso »München und seine Bauten«, das Standardwerk des Architekten- und Ingenieurvereins, 1912. Den Baedeker oder Dehio wird ohnehin jeder besitzen, der München kennen will.

*

Kaum eine zweite Stadt wird es geben, in der die *Presse* so ausführlich und liebevoll auf das, leider mehr und mehr im Großstadtgewühl versickernde, Eigenleben der Heimat hinweist. Wir meinen dabei gewiß nicht jenes Eigenlob, mit dem sich München seiner Fremdenrekordzahlen und seiner unverwüstlichen Gaudi-Gemütlichkeit rühmt, sondern die wissensreiche und gründliche Arbeit der Lokalgeschichtler, die bei jedem sich bietenden Anlaß die Mitbürger an vergangene Ereignisse und Gestalten erinnern und die auch den Humor und die Mundart nicht aussterben lassen. Da sind es vor allem der hochgebildete, feinsinnige Johann Lachner (durch seine »999 Worte bayrisch« berühmt), der kundige Karl Spengler, der beschwingte Rolf Flügel, der gründliche Walter F. Kloeck, der humorvolle Alois Hahn, die regelmäßig jenes München, so wie es war, beschwören. Zu ihnen gesellt sich der fröhliche Poet Herbert Schneider, der kauzige Ernst Hoferichter, der urwüchsige Wugg Retzer — um nur die wichtigsten zu nennen. Im Rundfunk ist München durch Kurt Seeberger, P. E. Rattelmüller und andere vertreten. Nicht minder wichtig sind freilich die Quellen, aus denen sie schöpfen, die Archive und Sammlungen, wohl gehütet von Michael Schattenhofer (Stadtarchiv), Max Heiß und Ludwig Krafft (Stadtmuseum) oder Ludwig Hollweck (Monacensia der Stadtbibliothek); bedeutend sind die Privatsammler, an der Spitze Karl Proebst. Theodor Dombart ist Experte für Schwabing, Alfred Winterstein für den Englischen Garten. Auch Model und Karl Birkmeyer horten Alt-Münchner Schätze, ganz zu schweigen von den vielen, die aus altem Familienbesitz noch köstliche Dinge besitzen.

*

Eine Winzigkeit wie das letzte Maikäferhäusl kann so feurige Gespräche entfesseln wie die bedeutendsten Fragen der Baugeschichte: die Kämpfe der Pennäler (Lateinbatzer geheißen) gegen die Volksschüler von der Hirtenstraße auf dem Maffeianger, die Entscheidung, ob in der Nymphenburger Straße Pappeln standen oder Linden, die seelische Wiedererweckung von Bärendreck, Süßholz, Warschauer Brot und Gummischlangen aus der Bubenzeit; alte Damen werden drum streiten, wann die (als Paradiesäpfel nur sparsam verwendeten) Tomaten zum Volksnahrungsmittel geworden sind, wer sich noch an die allerersten Bananen erinnert und wann die Alleinherrschaft des Malzkaffees zu Ende gegangen ist.

*

Eines Hinweises wert sind auch die in ganz Deutschland mit Spannung erwarteten und mit Lachen gelesenen *Faschingszeitungen* der »Münchner Neuesten Nachrichten«, 1893 von Fritz von Ostini begonnen. Nach dem Ersten Weltkrieg lebten sie 1925 mit einer Rückschau wieder auf. 1927 erschien auch eine witzige Konkurrenz, die »Kuhhaut«. Die M.N.N. hielten bis 1937 durch, das besonders dreiste Blatt (mit dem vielbelachten »Rotkäppchen«) hätte beinahe zu Machtkämpfen innerhalb der Partei geführt. Jedenfalls war es mir und meinen Beiträgern nicht ganz wohl bei der Sache — von da an hatten selbst die Münchner nichts mehr zu lachen. Heute hat jede Zeitung täglich ihre Karikatur — was bleibt da für den Fasching?

*

Stammtische, Vereine . . . Freunde, die in anderen Städten oder gar »in der Provinz« leben, tun oft einen neidvollen Seufzer, wir Münchner hätten es gut, mit unserem blühenden Gesellschaftsleben, von Schwabings Künstlerkreisen bis zur Kegelbahn des »Loawitoags« (ein auf die »Bäckerdynastie« Seidl gemünztes Spottwort für die »Großkopfeten«) und bis zu den Stammtischen der Geistesgrößen wie der Spießbürger. Aber auch hier ist nicht alles mehr so rosig, wie es der Außenstehende sieht. Ein geradezu hektisches Angebot an Veranstaltungen kann auch in München wegen Zeitmangels nicht wahrgenommen werden.

Schon der berühmte bayerische Geschichtsschreiber Lorenz Westenrieder hat 1782 eine Wahrheit ausgesprochen, die heute mehr denn je gilt, und zwar in einem so erschreckenden Ausmaße, daß der brave Gelehrte sich wundern täte, wenn er die eigene Weissagung mit eigenen Augen sehen müßte: »Es ist hier gut seyn, und wer nur eine kleine Zeit zugegen ist, will hier seine Wohnung sich bauen!«

81 Münchens berühmte *Ausstellungen* — von denen der hohen Kunst abgesehen — werden, je nach dem Maßstab, den man anlegt, hundert und mehr sein; nur ein paar seien hervorgehoben: 1834 war die erste Industrieausstellung im Odeon, ihr folgten weitere 1854 und 1858; 1882 kam die große elektrische Schau mit der denkwürdigen Kraftübertragung Oskar von Millers, der im Glaspalast einen Wasserfall rauschen ließ, den er bis aus — Miesbach (man vergleiche die heutigen Stromnetze!) gespeist hatte. Die Besucher (so erzählte mein Vater) glaubten's nicht und suchten nach der versteckten Dampfmaschine.

Dann war 1898 die aufsehenerregende *Zweite Kraft- und Arbeitsmaschinen-Ausstellung* auf der Kohleninsel (das Bild, eine Ballonaufnahme, haben wir als Nr. 76 gebracht). Die erste Schau dieser Art war ihr zehn Jahre (am Isartorplatz) vorausgegangen.

Länger müssen wir bei der *Ausstellung München 1908* verweilen: Der Plan, auf der Theresienhöhe in Verbindung mit dem Bavariapark einen großen Platz für die Stadtgemeinde zu sichern, geht auf eine Anregung des Prinzen Ludwig von 1892 zurück; der weitblickende Mann, der spätere König Ludwig III., hatte zeitig die Gefährdung des Geländes durch die Bauspekulanten erkannt. Für mehr als vier Millionen Goldmark wurden 23 Hektar Grund angekauft. Nur Münchner Erzeugnisse und Handelswaren wurden 1908 gezeigt, aber in einer beispiellosen künstlerischen Einheit und in umfassender Auswahl. Von dieser Schau ist eine Reform ausgegan-
81 gen, sie zeigte die Möglichkeit für jedermann, »sich mit anständigen Dingen zu umgeben«. Daß sich der Geschmack inzwischen geändert hat, ist eine Sache für sich.

Auf die Bauten und ihre Künstler können wir sowenig eingehen wie auf das ausgestellte Gut, das vom Kirchenraum bis zum Friedhof, von der Wohnung bis zum Gebrauchsgegenstand, von der Maschine bis zur Kerze alles einbezog.

Vielleicht ist die Ausstellung 1908, wie sie damals war, das bedeutendste Zeugnis für den Jugendstil; so, wie die Hallen heute noch (oder wieder, nach den Verwahrlosungen der beiden Kriege) stehen, ist dieser Eindruck nicht mehr so deutlich, denn vieles ist umgebaut worden. Herrliche Erinnerungen knüpfen sich an den Park mit den (noch erhaltenen) Majoliken von Wackerle, an das Künstlertheater mit unvergeßlichen Aufführungen, zum Teil noch auf Jahre hinaus, u. a. unter Max Reinhardt. Und, nicht zu vergessen, Branns Marionettentheater. Schade, um das vorwegzunehmen, daß die verkehrsungünstige Abseitigkeit des Geländes diese »Ausstellung« den Münchnern nie richtig ans Herz wachsen ließ; trotz erfolgreicher Darbietungen, wie der orientalischen Schau (mit dem Riesenteppich des Kaisers), der bayerischen Gewerbeschau 1912, 1922 (Inflationszeit!) und 1927 (das bayerische Handwerk), trotz der vielbesuchten Messen (Anuga, Nahrungs- und Genußmittel, nach dem ersten Krieg eine Fanfare für die Halbverhungerten!). Das Gas, 1914, war im Trubel des Kriegsausbruchs erloschen.

Im Jahre 1925 kam die DVA, die Deutsche Verkehrsausstellung (unser Bild, ein Globus aus Terrakotta, von Wackerle), die 1965 als IVA, Internationale Verkehrsausstellung, wiederholt wurde, aber bei weitem nicht mit der festlichen Pracht wie, trotz politischen Drucks, die von 1925. Daß sie durch ein Festspiel in der riesigen Luftschiffhalle mit hundert oder mehr Mitwirkenden eröffnet wurde, darf ich, als Verfasser, wohl in aller Bescheidenheit melden. Vieles wäre noch zu berichten von Blumenparadiesen im Glaspalast, von großartigen Vorzeigungen bayerischen Brauchtums und dergleichen mehr, bis an die Schwelle des Zweiten Weltkrieges.

Große, ja vielleicht größere Ausstellungen gibt's auch heute wieder, aber es will uns doch scheinen, als ob sie nicht mehr so münchnerisch wären, ja, als ob sie die Grenzen des Humanen sprengten.

82

82 *München, die Stadt der Feste* – damit können wir gar nicht anfangen! Gewiß, die Faschingsumzüge der Städte am Rhein sind prunkvoller (und lauter, was die Sache der stadlustigen, schwerfälligeren Münchner nicht ist!). Aber unsere Trachtenzüge, Schützen- oder Turnerfeste konnten sich sehen lassen und können's zum Teil heute noch; freilich, die üppigen Zeiten, wo, wie beim Deutschen Museum, ganze Straßen verwandelt wurden, wo die führenden Künstler die prächtigsten Dekorationen und Gruppen entwarfen, sind wohl dahin. Mit Geld allein lassen sich Feste nicht gestalten, es gehört viel Zeit dazu und eine gemeinsame Freudigkeit, die nur eine geschlossene, aus Gönnern und Schöpfern gleichermaßen gemischte Gesellschaft aufbringt. Und wo Großstadtgleichgültigkeit denen, die schwere Opfer gebracht haben, selbst den Dank versagt, wird niemand mehr einen Prolog des Münchner Kindls verfassen oder tagelang, wie der von Goethe gerühmte Meister Mieding, werkeln wollen.

Unser Bild zeigt das 7. Deutsche Bundesschießen von 1881 mit dem alten *Stachus,* gesehen gegen das »Bügeleisen«, das frühere Kaufhaus Hermann Tietz. Das Haus selbst steht noch. Links vom Betrachter ein Bürgerhaus, in das später das Kaufhaus Horn einzog, jetzt ragt dort die Wucht des Kaufhofs auf. Die linke Straße ist die Bayerstraße, an deren Anfang der nächst dem Hofbräuhaus berühmteste Bierausschank »Zum Mathäser« viele hundert Einheimische wie Fremde ein- und ausatmet. Die rechte Straße, die Schützenstraße, erinnert an den alten Platz der Stachelschützen vor dem Bahnhof. Rechts das Hotel Bellevue, mit altdeutscher Bemalung, inzwischen zum Hotel Königshof gewandelt. Die Menschenfülle des Festzuges ist längst zu einer Erscheinung des Alltags geworden.

83–84 Der Gabentempel des Deutschen Bundesschießens 1906 (Emanuel v. Seidl) und ein Gärtneraufzug um die Jahrhundertwende.

Dieser Blumenkorso leitet bereits zu den mehr oder minder privaten Festen über, auf deren Gestaltung sich die ja immer reich von Künstlern und großartigen Dilettanten durchwachsene Bürgerschaft so gut verstand. Natürlich blieb es immer ein beschränkter Kreis von Teilnehmern, und die meisten Münchner kannten solche Veranstaltungen nur vom Hörensagen — seien es die unvergeßlichen, von Festspielen, Vorsprüchen und witzigen Reden gekrönten Essen des Deutschen Museums, die aufwendigen, humorgewürzten »Münchner Abende« der großen Kongresse oder die bezaubernden Geburtstagsfeiern der Vereine und Freundschaften. Wie wurden da die Tafeln geschmückt, wie trug ein jeder bei als Verseschmied, als Darsteller, als Musikant oder gar als Küchenmeister — keiner versagte sich seiner Aufgabe, und selbst Berühmte fragten nicht viel nach dem Honorar, sondern dichteten, spielten und sangen, daß es eine Freude war! Wer nennt dankbar all die Namen, noch lebendige und verschollene: Ernst v. Destouches, Frau Hartl-Mitius, Ernst v. Possart, Josef v. Schmaedel, Hermann Roth, Theodor Heiden als Prologdichter, Prell und Amann als Zitherspieler, die vielen Volkssänger und Schrammeln, die Münchner Kindln, von denen auch ich eins war, den lustigen Rolf Winkler, den einfallsreichen Jakob Bradl, all die Dekorations-Genies und Improvisatoren der Kunst, des Humors und der Geselligkeit.

83

84

85–87 Von mancherlei *Fahrzeugen,* wie sie im Lauf der letzten Jahrzehnte an uns vorübergerattert oder fast lautlos geschlichen sind, wird da und dort die Rede sein. Es sind die gleichen, die wir auch in der Verkehrsgeschichte anderer Großstädte antreffen, Kutscher, Omnibusse, Straßenbahnen, Autos, Motorräder, Hochräder und Fahrräder — ob es freilich überall so viele Tandems für Ehepaare oder solche, die es vielleicht werden wollten, gegeben hat; oder gar vier- bis achtsitzige Sporträder, das sei dahingestellt. Daß ein gutes Rad um die Jahrhundertwende noch ein paar hundert Mark gekostet hat, sei nur am Rande vermerkt; daß die in Pluderhosen radelnden Damen besonderes Aufsehen erregten, muß wohl nicht eigens gesagt werden.
Für München was Besonderes war vor allem der Prinzregent, der im Zweispänner, den federhutigen Leibjäger auf dem Bock, nach Nymphenburg fuhr — manche Anekdote ließe sich da erzählen (einmal wäre er beinahe von der Dampftrambahn überfahren worden!). Ihm gleich, ließ der alte Reichsrat von Finck noch lange, nachdem das Auto die Straßen beherrschte, seine Pferde laufen, während der Reichsrat von Cramer-Klett leise, wie er selber war, in seinem Elektromobil — das jeder bessere Münchner kannte — durch die Ottostraße fuhr. Der »ungekrönte König von Oberbayern«, der Pferdenarr Scharrer, kam gar in einer mächtigen englischen Mailcoach durch die Stadt.
Unsere Bilder zeigen den seinerzeit berühmten Rennfahrer Thaddäus Robl (86; rechts) im Kreise seiner Sportgenossen, einen der Hochradfahrer (85), wie sie noch lang das Straßenbild belebten, und den »Schnauferl-Erfinder« Richard Braunbeck (87; rechts), der, selbst ein begeisterter Sportler — schon 1893 »raste« er auf einem Motorrad durch die Stadt —, das Wort »Schnauferl« als ein vielbelachter Humorist und Zeitungsmann volkstümlich gemacht hat.
Erst jüngst wurde auch in München eine Parade der »Schnauferl«-Veteranen abgenommen, Tausende kamen nach Nymphenburg, um die wunderlichen Fahrzeuge zu bestaunen, in denen sie vielleicht selbst einmal, im Vollgefühl ihrer Modernität, herumkutschiert waren. Hätte der und jener seine alte Kiste lang genug aufgehoben, bekäme er fast so viel Geld für sie, wie heute ein neuer Wagen kostet, denn die Oldtimers sind wieder sehr gefragt. Daß das älteste Auto der Welt im Deutschen Museum steht, sei all denen mitgeteilt, die es noch nicht wissen.

88

88–89 Mancherlei Sportarten könnten wir beschreiben und seitenweise mit Bildern belegen – die berühmten Fußballer freilich sind erst jüngeren Datums. Doch immer schon hatten die Turner und die Schwimmer in München eine Heimstätte; erstere im Turnverein 1860 an der Häberlstraße, letztere, seit 1900 (von Hocheder erbaut), im *Karl-Müllerschen Volksbad*, dem größten und schönsten seiner Zeit; es steht heute noch zum Ruhme Münchens, Nord- und Westbad kamen dazu. Leider haben wir das *Luisenbad* in der gleichnamigen Straße verloren.

Wenn der Vater mit dem Sohne, selten genug, zum Baden ging – nicht nur zum Schwimmen, sondern sogar ins Dampfbad –, dann war das ein besonderes Fest. Kein Massenbetrieb wie heute – an einem Vormittag herrschte, wie auf dem Bild zu sehen, eine wohltätige Stille, dienstbeflissene »Badeknechte« bemühten sich um den Gast. An der berühmten Angel lernten wir Buben das Schwimmen. Und nach fast sechzig Jahren schaue ich mit einer Mischung von Rührung, Stolz und Grausen die obere Galerie an, von der kühne Männer in die Tiefe sprangen – *einmal* tat ich's auch . . .

Neben dem Luisenbad gab es noch eine private Anstalt in der Herrnstraße, das *Hofbad*, und in den neunziger

89 Jahren drei städtische Brausebäder; sie waren weit nötiger als heute, denn die Badewannen in der eigenen Wohnung waren noch selten. Viel besucht waren die *Sommerbadeanstalten* an den Würmkanälen, das Militärschwimmbad, das bescheidene »Vecchioni« auf dem Oberwiesenfeld, das Nymphenburger Schloßbad und manches andere zwischen Pasing und Schwabing, längst vor der Glanzzeit des Ungererbades, um nur das berühmteste zu nennen.

90

Eine wunderliche *Geschichte ihrer Beförderungsmittel* kann jede Großstadt erzählen, oft genug haargenau die gleiche: wie auf die Kutschen und Sänften die Stellwagen kamen, dann die Fiaker und die Droschken, die Omnibusse, die Pferdetrambahnen und die Elektrischen – bei denen München geblieben ist, bis es jetzt, spät genug, seine Untergrundbahn baut.
Schade, daß wir von ein paar lustigen Einzelheiten keine Bilder auftreiben konnten: von den Hundekarren der Scherenschleifer und Abfallverwerter, von den übervollen Wagen der »Rumfahrer«, der fliegenden Obsthändler, von den langsamen, aber prächtigen Ochsenfuhrwerken der Brauereien (die stolzen Oktoberfest-Rösser-Wagen gibt's ja noch!), von den gelben Postwagen mit dem weißblauen, blasenden Postillon, vom grünen »Zeiserlwagen«, der anderenorts »Minna« heißt, von den oft phantastisch aufgemachten Wägelchen der Eismänner und Türkischen-Honig-Händler – und von den reizenden Strohhüten, mit denen die tierliebenden Kutscher im Sommer ihre Heiter schmückten. Auch die hohen, zweirädrigen Karren der Tonnenmänner sind der modernen Technik der Müllabfuhr gewichen ...

90–98 Die Entwicklung unserer *Straßenbahn* von den Anfängen der Pferdetramway bis zu den riesigen Wagenzügen und Gelenk-Omnibussen unserer Tage können wir nicht in Einzelheiten schildern – die uralten Münchner werden sich an dieses oder jenes Fahrzeug noch selbst erinnern, etwa die Dampftrambahn, wie sie hier vor dem Nymphenburger Volksgarten (93) steht, oder auch an eins der vielen »Trambahn-Billettln« (95 bis 97), die ihnen im Lauf eines langen Lebens untergekommen sind. Nicht ohne Schadenfreude überlasse ich die Detektivaufgabe den Lesern (ich selbst wüßte es schon, denn der Herr Dr. Mattiesen, dem wir die raren Bilder verdanken, hat mir alles erklärt). Daß der ganze Wagen wippte, wenn ein gewichtiger Mann einstieg, erlebten wir noch mit der »Ringlinie«. Mein Großvater fuhr mit ihr durch die Stadt, am Abend, bei leeren Straßen, und ließ seine drei Windhunde nebenher laufen.

Der Kondukteur nahm das »obligate Fünferl« von besseren Herrn mit soldatischem Gruß entgegen. Hingegen liefen, nach der Preiserhöhung auf 15 Pfennige, die sparsamen Münchner oft weit zu Fuß bis zum nächsten Tarifpunkt. – Übervolle Wagen gab's auch damals schon, zur »Wiesn« oder zum Nockherberg. Das Schimpfen über die Fahrpreis-Erhöhungen war jeweils so laut wie bei der Verteuerung des Biers – aber gefahren und getrunken wird halt doch! Selbst der »eiserne Schaffner« wird schließlich hingenommen, eine Zumutung für den »Fahrgast«.

91

92

93

94

95

96

97

98

99

100

101

102

103

104

99–108 Über schlechte Bedienung ist schon seit Urzeiten gejammert worden, faule Sklavinnen waren das Hausfrauengespräch der Antike, versoffene Kutscher, untaugliche Angestellte der Ärger jeder noch so guten alten Zeit. Wer aber unsere Bilderreihe mit Liebe betrachtet, der muß gerührt sein in der Erinnerung an diese braven, fleißigen, bescheidenen Menschen, die die Welt und in unserem Fall die Stadt München für ein meist beschämend niedriges Entgelt bedient haben!
Nur einen Teil konnten wir im Bilde bringen: die *Straßenkehrerinnen* und *»Trambahnritzenreinigungsdamen«*, das *Holzhacker-Ehepaar*, die *Mörtelweiber*, die *Bauarbeiter*, die das Bier zur Brotzeit brachten, die *Milchausfahrerin*, die auf Kundschaft wartenden *Kutscher und Dienstmänner* – lauter gelernte Kartenspieler, Schnupfer und Pfeifenraucher, aber auch Kenner der besten Bier- und Weißwurstquellen, was früher eine bedeutende Wissenschaft war; zuletzt die *Hartschiere* vor dem Wittelsbacher Palais, die Leibwächter des Königs, die dennoch sang- und klanglos der Revolution weichen mußten.
Entsinnen wir uns doch all der Männer und Frauen, die uns bedient haben und von denen einzig die treuen Zeitungsfrauen übriggeblieben sind, die schon um vier Uhr früh, bei jedem Wetter, sommers und winters, unser Leibblatt an die Tür stecken. Auch die braven Postboten sollen nicht vergessen sein. Aber wo sind die Bäckerbuben und Schusterjungen, wo die vielen Ausgeher, die Wäscherinnen, die alles ins Haus brachten? Hat nicht jede bessere Firma die gekauften Waren frei zugestellt in einer Zeit, in der eine Dame, außer vor Weihnachten, kein Paket tragen durfte, wo die Roten Radler durch die Straßen flitzten und wo der Dienstmann noch das Faktotum war, das jeden Auftrag, wenn auch oft langsam, aber sicher, erfüllte?
Die modernen Strategen sprechen von einer »Leere des Schlachtfeldes«. Die Baumeister könnten genausogut von der Leere der Bauplätze sprechen. Der »Luke und der Kare«*), die berühmten (und oft berüchtigten) Herren Hilfsarbeiter von der einst volkstümlichsten Firma »Heile und Litte« sind rar geworden, was ein »Vogel« ist, nämlich die Kraxe des Ziegelträgers, wissen die Jungen nicht mehr. Krane und Aufzüg Betonmischmaschinen sind an die Stelle des wimme' den Betriebes getreten, Riesenbauten sind aus dem Boden gewachsen, ohne daß wir verfolgen könnten, wann sie eigentlich entstanden sind.

*)
I bin der schöne Kare,
I bin beim Heil und Litte,
Beim Soller drunt im Tal,
Da is mein Stammlokal.

I mag a zerme Musi,
An Schmai, a Bier, a Gschpusi;
Gibt's Schmirgl, bin i mittn drin,
Weil i der Kare bin.

109 Nächst den Veränderungen durch den Verkehr ist es die völlige Umstellung der *Beleuchtung*, die das Stadtbild weitgehend verwandelt hat. Da ist er noch, der Laternenanzünder, dessen Romantik sogar in die Cabarets von damals gedrungen ist: Da sang, ich weiß nicht mehr wer, jeden Abend ein alter Mann das rührende Lied von dem unglücklichen Vater, der die Schande seiner zum Straßenmädchen abgesunkenen Tochter auch noch selbst beleuchten mußte.

Lang noch hielt sich das *Gaslicht* in den gußeisernen Ständern – da und dort stehen sie noch, technisch verwandelt, in traulichen Außenbezirken, etwa im Nymphenburger Rondell; aber der Mann mit dem geheimnisvollen »Stangerl« muß nicht mehr kommen.

Später gab's dann die *Bogenlampen*. Es ist ganz lehrreich zu hören, daß der alte Ferdinand von Miller seinerzeit den Magistrat gewarnt hatte, mit den Gasleuten zu langfristige Verträge abzuschließen: Es könnte bald was Besseres erfunden werden – er wurde ausgelacht. Die Bogenlampen waren wirklich was Besseres; und für uns Kinder war es immer ein Ereignis, wenn die Männer kamen, die Lampen von ihrer luftigen Höhe herunterließen, sie reinigten und ihnen neue Kohlenstifte einsetzten. Oft zischte es gewaltig, und blendendes Licht blitzte auf.

Und jetzt sind die Hauptstraßen zu Lichterketten geworden, bis weit hinaus an die Stadtränder, und Goethes letztes Verlangen nach »mehr Licht« ist selbst in den Nebengassen verwirklicht.

109 Dazu kommt noch die Anstrahlung berühmter Bauten und kommen die gleißenden Lichterschlangen der Autos – manchem bejahrten Fußgänger ist es fast zuviel Licht (und Lärm), wenn er auf schmaler Straßenbahninsel steht und der tolle Spuk mit blendender Kraft an ihm vorbeirast. Natürlich ändern wir uns *mit* den Zeiten, aber mancher bleibt eben doch ein bißchen hinter dem Fortschritt zurück. Und gar in schwülen Sommernächten weiß ein schlecht schlafender Mensch nicht, wie er sich, falls er am (elektrischen) Strom lebt, vor soviel fließendem Licht bergen soll.

*

Noch wunderlicher ist vielleicht der Wandel der Raumbeleuchtung. Die Petroleumlampen, die heute in den Antiquitätenläden für teures Geld verkauft werden, haben unsere Eltern auf den Speicher gestellt, als das Gas kam, der Auer Glühstrumpf, die Azetylenlampe, die Spirituslampe: welche Summe kleinster Erinnerungen! Wie das halbmondförmige, offene Gasflämmchen zischte – Gulbransson hat's ausgeblasen, arglos, und wäre beinah nicht mehr aufgewacht. Wie oft der Glühstrumpf hin war! Wie die Petroleumlampe rußte: Meine Mutter hatte alles blütenweiß für einen jour fix (heute Party) gedeckt, riesige Flocken verschneiten schwarz die ganze Pracht. Zimmerbrände waren keine Seltenheit. Die Radfahrer-Laternen, Kerzen wie Azetylen, sollen im Fluge auch gestreift werden.

Die Küchenlampe, an die Wand gehängt, ist ebenso unvergeßlich wie die Treppenhausbeleuchtung. Im Dämmern kam die Hausmeisterin und trug die Lichter von Stockwerk zu Stockwerk; aber um zehn Uhr spätestens war alles stockdunkel.

Die Stearinkerze war die hochwillkommene Nachfolgerin von Unschlitt und teurem Wachs. Mit der Kerze ging jeder in sein Schlafzimmer, auch der Prinzregent (bis ihm der alte Miller eine stromgespeiste Eule aufdrängte). Das Suchen nach Zündhölzern war eine arge Plage! Auf Großmutters Nachttisch schwamm das Öllämpchen im Wasserglas ... Übrigens braucht man auch die Zündhölzer nicht mehr aus dem Wirtshaus mitgehen zu lassen – bis zu sieben Stück galten noch als juristisch vertretbar –; jedermann hat heut' sein »Schnellfeuer«.

Und dann kam das elektrische Licht! Teuer genug für die sparsamen Münchner – sofort mußten wir Kinder es abschalten, wenn wir's nicht mehr brauchten. Eine Stilgeschichte der Beleuchtungskörper ist vielleicht schon geschrieben – am tollsten lebte sich der Jugendstil aus, mit Linien und Schlingpflanzen, Tropfsteinen und ... und ... Engeln und Hausknechten; aber auch eine lichttragende Kobra war keine Seltenheit.

Es ist doch ganz nett, sich im Zeitalter der Neonröhren all dieser Wandlungen zu erinnern!

110–111 Wenn wir's nicht wenigstens noch im Lichtbild schwarz auf weiß hätten, wie idyllisch es vor gar nicht so langer Zeit in den Münchner Außenbezirken war, wir glaubten unserer eigenen Erinnerung nicht. Am kleinen Kanal (von den Anrainern auch, nach einem der Wege, die an ihm entlangführen, Canaletto genannt; nach dem berühmten Maler!), der von Nymphenburg über Schwabing bis nach Schleißheim führt, hat es noch bis vor kurzem so ausgesehen (110). — Die herrliche Wildnis der Isar ist schon lange gezähmt, aber in die grüne Welt des Englischen Gartens hüben und des Herzogparks drüben haben sich, wie an so vielen Knotenpunkten des Verkehrs, die Schlangennester der Straßen und Brücken (hier die Kennedy-Brücke) geschoben — ein Beispiel dafür, wie München geworden ist und immer bedrohlicher werden wird (111). Selbst für die Autofahrer wird es oft schwierig, trotz aller Richtungstafeln, sich richtig einzufädeln — was er von der Minute ausgeschlagen, bringt keine Ewigkeit zurück: Ganz so schlimm ist's natürlich nicht, aber wer einmal in die falsche Bahn geraten ist, hat Mühe, wieder in die Ausgangsstellung zu kommen.

110

111

112–113 Nach *Nymphenburg* – das uns ein Glück im Unglück fast unversehrt erhalten hat – mußten wir als Kinder weit zu Fuß gehen. Mit der Dampftrambahn oder in einem »Sommerwagen« der Straßenbahn zu fahren, war schon eine besondere Vergünstigung. Mächtige Pappeln standen an der Straße, Gemüsegärten und freies Feld gab's noch genug, bis *Neuhausen* erreicht war – heute Rotkreuzplatz – mit dem verfallenden (später reizvoll erneuerten) *Jagdschlößchen* (112) Karl Alberts (1728), dem willkommenen *Winthirbrunnen* (1901 von Theodor Fischer und Jakob Bradl, einem Original, das wir noch gut kannten) und dem *Germanendenkmal*. Lange noch, bis in unsere Tage, scharten sich Bauernhäuser um die alte Kirche, in deren Friedhof u. a. die Erzgießer Stiglmayer und Miller begraben sind. In Nymphenburg selbst gab es die Kaffee-Wirtschaft »Zum Kontrollor« und den berühmten *Volksgarten* (113), eine für die Jahrhundertwende beispiellose Vergnügungsstätte. Mag auch unser Werbebild übertreiben, wie das so üblich ist, es war ein tolles Unternehmen, das ja auch, wie wir schon berichtet haben, sich nicht halten konnte.

112

113

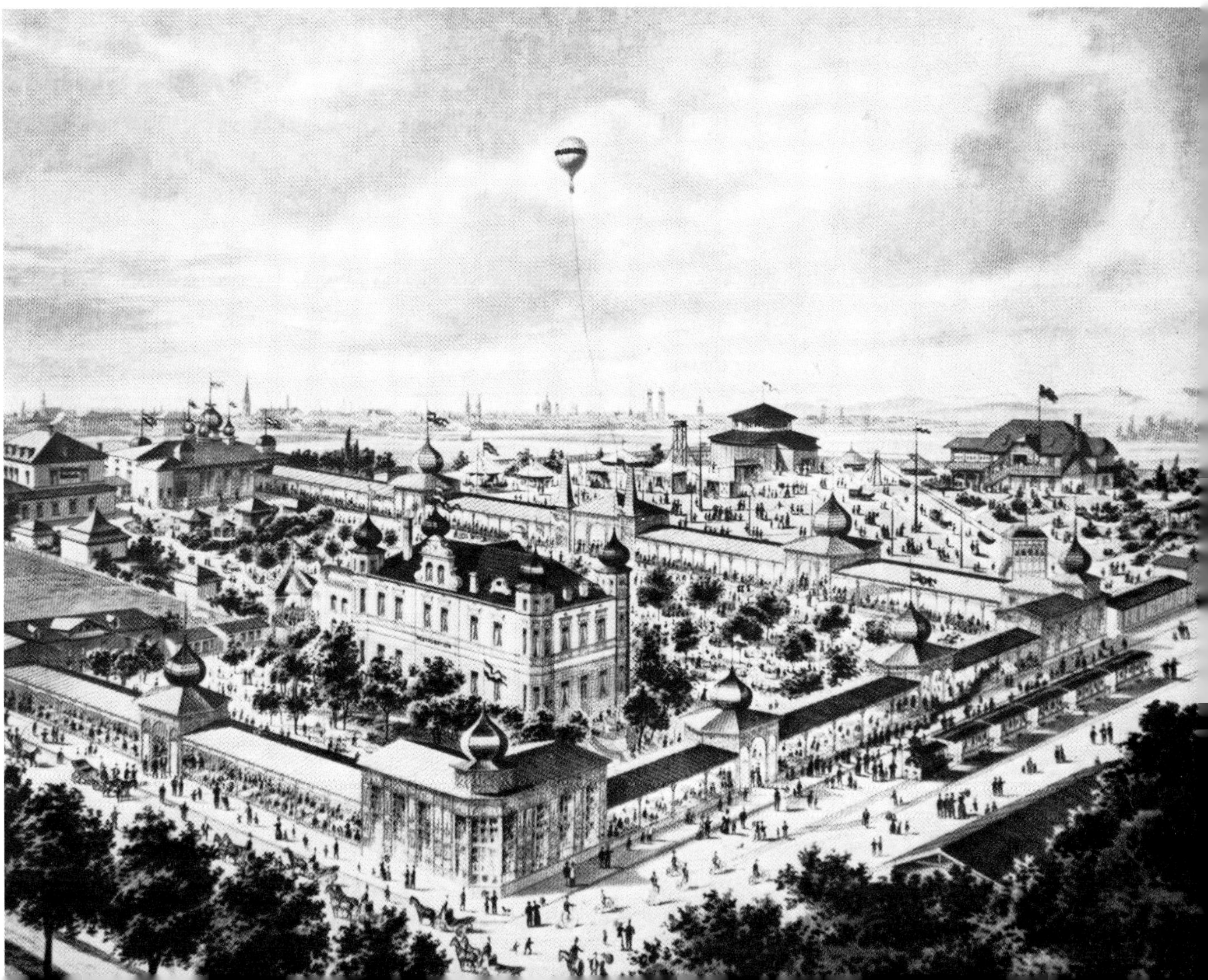

Wollten wir alle Häuser und Schlößchen, Mühlen, Wirtschaften, Mauerreste jeglicher Art auch nur aufzählen, die nur seit dem Ende der siebziger Jahre, also noch zu Zeiten jetzt noch lebender Ur-Münchner, abgebrochen wurden, wir fänden kein Ende. Ganze Straßenzüge, die uns heute auch schon wieder recht alt vorkommen, sind in jenen Jahrzehnten entstanden oder wenigstens, in einem damals »modernen« Sinn, begradigt und entrümpelt worden. Nur ein paar Beispiele, wie sie meist der unermüdliche Aquarellist Josef Puschkin uns glücklicherweise erhalten hat: der alte Lodererbräu am Oberanger, das Leopoldi-Schlößl hinter der Müllerstraße, die Westermühle, die noch der Straße ihren Namen gibt, das »Rappeneck« am Färbergraben, die Ostseite des »Petersbergls«, der Fischerturm am Viktualienmarkt, der »Weiberbau« des ehemaligen Heiliggeistspitals, der Damenwirt, die Lände, das alte Ständehaus in der Prannerstraße (bis 1884) – genug ist nicht genug, aber wir wollen aufhören; was wir Siebzigjährigen (und gar ältere) wirklich *gesehen* haben, dergestalt, daß wir es, als Bildvorlage, jederzeit wiedererkennen würden, ist ja doch aus späterer Zeit, wenn auch, besonders im innersten Herzen der Altstadt, oder auch in den Vorstädten, besonders aber die Isar entlang, unwahrscheinliche Erinnerungen auftauchen von Häusern und von Bäumen, von Zäunen und Gruben, von Wiesen und Hügeln, von Feldwegen, Ziehbrunnen, von Gärten und Straßen: eine andere Stadt, von anderen Menschen bevölkert, auf geheimnisvolle Weise verwandelt, von Jahr zu Jahr. Das Leben selbst ruft uns gebieterisch zu: »Halt! Nicht weiter!« Denn wo kämen wir hin? In das Dickicht der Historie, in wirklich abgelebte Schichten; und das ist nicht mehr Aufgabe unseres Buches.

*

Alleebäume fallen: Kaum ein paar Wochen vergehen jeweils, da steht schon wieder die kurze und herzlose Notiz in der Zeitung, daß im Zuge irgendeines Bauvorhabens – jüngst der U-Bahn – hundert Bäume gefällt werden müssen. Mit der Motorsäge ist in Minuten ein Leben vernichtet, das Jahrzehnte gebraucht hat, um heraufzuwachsen zu seiner grünen Pracht. Von den Ahornen und Kastanien, die trotz aller Bemühungen im Asphalt verkümmern, von den Pappeln, die aus Sicherheitsgründen wirklich umgelegt werden müssen, wollen wir gar nicht reden. Auch der beste Zahnarzt kann nicht umhin, gelegentlich einen vermorschten Burschen zu reißen – aber wir wollen darauf vertrauen dürfen, daß er sich's gut überlegt hat; und daß es uns schmerzt, werden wir wohl noch sagen dürfen, ohne gleich als wehleidig verspottet zu werden.
Übrigens muß zur Ehre der staatlichen und städtischen Gärtnereien gesagt werden, daß sie ihr Bestes tun, andere Baumreihen zu pflegen und neu anzupflanzen. Der Blumenschmuck der öffentlichen Anlagen ist höchsten Lobes wert!

*

Weil wir uns gerade vor die Tore der Stadt begeben haben, wollen wir einen flüchtigen Blick auf *Münchens Umgebung* werfen: Wenn wir auch Münchens näheren oder gar ferneren Umgriff nicht im Bild bringen können, ein paar Worte müssen wir doch sagen. Auch rings um die Stadt ist vieles nicht mehr so wie es war; Städte mit Hochhäusern stehen dort, wo wir Kinder noch Erdbeeren gepflückt haben; Autobahnen und Ausfallstraßen zerschneiden die grüne Welt; das Dachauer und Erdinger Moos haben ihre Einsamkeit verloren; vertraute Ausflugsziele sind in der Großstadt aufgegangen. Noch aber sind die riesigen Wälder (bis auf die Ränder!) vor dem Zugriff der Bauplaner geschützt, ist das Isartal durch die unablässige Bemühung des Isartalvereins vor dem Schlimmsten bewahrt. Und *noch* ist der Englische Garten und der Umkreis von Nymphenburg einigermaßen geschont – aber an rücksichtslosen Schädigungen und viel scheußlicheren Versuchen dazu fehlt es auch hier nicht. Ständige Wachsamkeit tut not!

*

Zwischen der ersten und zweiten Auflage unseres Buches hat sich Großes ereignet: Im April 1966 ist München zur *Olympiastadt* für 1972 erklärt worden! Die jüngeren Münchner – und es sei ihnen vergönnt! – freuen sich dieses Sieges, aber die älteren fürchten, es könnte ein Pyrrhussieg werden. Nicht nur, daß sie sich von Teuerung und Ungemütlichkeit bedroht sehen; auch die baulichen Anstrengungen machen ihnen Sorge, zumal man sich jetzt schon vor lauter aufgerissenen Straßen, Absperrungen und Umleitungen nicht mehr auskennt. Der weite Plan des Oberwiesenfeldes, bisher eine verhältnismäßig stille Insel im Häusermeer, soll ein Brennpunkt des Weltsports werden – und damit auch eine Verdichtung der Bebauung und des Verkehrs bringen. Schon wächst der Fernsehturm in Wolkenhöhen, schon ist das Riesenrund des Stadions abgesteckt, und das Spinnennetz der Zufahrtsstraßen wird Faden um Faden gezogen: München, wie es sein wird, ist im Kommen!

114–115 Die *Herbergen* waren – und wenige sind es noch – eine besondere Abart der Behausungen der zwar ärmsten, aber dennoch streng bürgerlichen Münchner oder vielmehr Vorstädter. Da nach dem Gesetz kein nutzbarer Grund bebaut werden durfte, siedelten die Familien im Überschwemmungsgebiet, setzten sich in verlassene Kiesgruben oder klammerten sich ans Steilufer der Isar. Zu unserer Kinderzeit gab's noch das Gries, die Grube, die Kreppe und andere ausgedehnte Herbergen, am Giesinger Berg und an der Quellenstraße. Jedes Häuschen, das familienweise oder in Einzelzimmern belegt war – ein Vorläufer der heutigen Eigentumswohnung –, hatte einen eigenen, oft hühnerleiterartigen Zugang zur Straße. Genaue Hausordnungen regelten das nicht immer leichte Zusammenleben. Auch in anderen Stadtteilen, etwa die Isar entlang am Gries, standen noch lange ähnliche Kleinstwohnhäuser.

114

115

116

Abgesehen von der allgemeinen Historie, den beiden Weltkriegen etwa, hat sich in München, dem »gemütlichen Dorf«, auch in den letzten, bewegten Jahrzehnten wenig Weltbewegendes ereignet; Schwedenzeit, Sendlinger Bauernschlacht, Residenz- und Hoftheaterbrand, Brückeneinsturz (1813), Napoleon — das alles liegt ja weit zurück. Die Revolution von 1848, Lola Montez, Ludwigs I. Abdankung waren schon Legende, obwohl noch bis 1916 (!) der Professor Johann Nepomuk Sepp herumlief, der schon als junger Mann im Frankfurter Parlament gesessen war und der 1871, Jahrzehnte vor seinem Ende, im Siegesüberschwang seine Grabschrift verfaßt hatte, die heute noch in Tölz zu sehen ist: »Der Tod ist strenges Weltgesetz — doch leichter wird gestorben, seit Elsaß-Lothringen mit Metz und Straßburg wir erworben.« — Von der Cholera im Jahr 1854 hörten wir noch als Kinder, ebenso vom Tod Ludwigs II.

Das Hochwasser von 1899 habe ich deutlich im Gedächtnis; ich war noch nicht fünf Jahre alt: Im Tal fuhren Kinder im Waschschaff, vor einer großen Zuschauermenge stürzte die Prinzregentenbrücke lautlos zusammen.

Im Jahre 1908 erblickte ich, bei den Feierlichkeiten des Deutschen Museums, zum erstenmal den Kaiser. 1912 war das letzte Geleit des Prinzregenten. Die ersten Flieger, den Zeppelin und Parseval habe ich aus nächster Nähe erlebt, mein zeitungsschreibender Vater nahm mich, wo's nur anging, mit, so daß meine Erinnerungen weiter reichen als die meiner Altersgenossen. Die Revolutionszeit, Eisners Ermordung, die Räterepublik, Hitlers Marsch vom Bürgerbräukeller — das alles habe ich selbst als Pressevertreter mitgemacht, ebenso den Brand des Glaspalastes 1931 — viel oder wenig, wie man's nimmt; genug, wenn wir nicht die aufregenden Bankkräche, Morde und Selbstmorde einbeziehen wollen, die wochenlang das Stadtgespräch waren — der »Raubmörder« Kneißl weitaus an der Spitze.

*

116 *Die Zentenarfeier.* — »Neueste Nachrichten« über den 31. Juli 1888: »München hat wohl noch nie ein derartiges Menschengewühl gesehen wie heute morgen. Das Publikum zählte nach Hunderttausenden, welches die Straßen, durch die der Zug gehen sollte, die Fenster, die Tribünen und namentlich auch die Straßenzugänge aufs dichteste besetzt hielt ... Die Aufstellung des Zuges begann schon von früh sechs Uhr ab, um welche Zeit die Festwagen von den Orten aus, wo sie hergestellt worden waren, sich auf ihren Aufstellungsplatz begaben, der sich programmgemäß vom Sendlinger-Tor-Platz bis zum Ende des Maximiliansplatzes erstreckte.

117 

Schon hier gab das Publikum seiner Bewunderung über die Festwagen und das Arrangement der einzelnen Gruppen durch lebhaften Beifall lauten Ausdruck. In musterhafter Ordnung entwickelte sich, wenn auch mit einiger Verspätung, der Zug . . .
Leider sollte das so schöne und gelungene Fest am heutigen Tage nicht ohne Unfall vorübergehen, dessen Folgen sich zur Zeit noch nicht genau ermessen lassen. Die acht im Zuge mitgeführten indischen Elefanten des Zirkus Hagenbeck scheuten auf dem Rückweg vom Siegestor in der Ludwigstraße vor der an ihnen vorüberfahrenden Lokomotive, welche den feuerspeienden Drachen trug. Vier derselben rannten trotz der ihnen angelegten Kettenfesseln in die Fürstenstraße, durch dieselbe über den Wittelsbacherplatz durch die Briennerstraße in die Menschenmassen auf dem Residenzplatz, eine furchtbare Panik verbreitend. Die Tiere nahmen ihren Weg durch die Alten-Hof-Straße, zertrümmerten dort das Tor des Münzgebäudes, rannten vom Residenzplatz durch die Burgstraße, Rathausbogen, Hl.-Geist-Straße, warfen dort eine Droschke um und liefen durch die Westermühlstraße, Baaderstraße nach der Auenstraße, woselbst sie bei einem Bauplatz haltmachten, aber trotz der Bemühungen der erschienenen Feuerwehr und Kavallerie bis vier Uhr nachmittags nicht von der Stelle zu bewegen waren. Den Verletzten wurde im Odeon von seiten der Sanitätsmannschaft die Erste Hilfe zuteil und dieselben, soweit sie schwerer beschädigt waren, in das Krankenhaus verbracht . . .«

117 *Bismarck in München.* Es war eine heikle politische Lage, als Fürst Bismarck nach seinem Sturz den Wunsch äußerte, auf der Rückreise von Wien, 1892, vom Prinzregenten empfangen zu werden. Der Regent wich, um den Kaiser nicht zu verstimmen, einer Begegnung nach Wildenwart aus; aber die ganze Stadt München empfing den Fürsten mit einer beispiellosen Begeisterung. Lenbach nahm ihn in seine Villa auf; ein Fackelzug der Studenten, eine kurze Ansprache des Gefeierten, ein Bierabend (unser Bild) in der »Allotria« blieben denen, die daran teilnahmen, unvergeßlich — freilich, der Groll, weder in Wien noch in München von den Herrschern selbst zur Audienz gebeten worden zu sein, blieb in Bismarcks Herzen. Unser Bild, nachträglich, aber mit vielen Porträts von Fritz Bergen gemalt: Stehend der Fürst, den gewaltigen Humpen ergreifend, sitzend die Fürstin, neben ihr Frau von Lenbach. Bei Bismarck stehend Generalintendant von Perfall, in der Mitte, schlecht genug getroffen, Lenbach. Mit dem Zylinder in der Hand Leibarzt Schweninger, zwanglos verstreut die berühmten Maler Kaulbach, Keller, Stuck, Defregger.

118

118 Die hochgehende Isar, an der Erhardtstraße, rechts die Ausstellungsgebäude auf der Kohleninsel.

119 Am 14. September 1899 stürzte die eben erst erbaute erste *Prinzregentenbrücke* ein. Dazu schreibt die »Augsburger Abendzeitung«: »Der Hochwasserschaden in München nimmt immer größere Ausmaße an. Heute abend 5 Uhr 20 Minuten ist nun auch die Prinzregent-Luitpold-Brücke eingestürzt, nachdem sie bereits vormittags polizeilich abgesperrt worden war ... Den ganzen Vormittag über rutschte das Erdreich ins Wasser, so daß vorauszusehen war, daß über kurz oder lang die beiden Widerlager ihren Halt verlieren mußten, zumal namentlich auf dem rechten Ufer seinerzeit beim Brückenbau die ganze Erhebung bis zur Höhe der Fahrbahn der Brücke mit Schutt aufgefüllt worden war, deren Widerstandsfähigkeit also von vornherein keine große war. Und gerade hier war der Anprall der Wogen am stärksten, so daß denn auch im Laufe des Nachmittags das Erdreich, in das der südliche Eckpfeiler der Brücke eingebaut war, weggespült und der Pfeiler selbst gänzlich freigelegt und unterspült wurde.« — Als Vierjähriger war ich einer der jüngsten Augenzeugen dieses Unglücks — das neugierige Kindermädchen hatte uns

119

120

mitgenommen. — Unser Bild (119) zeigt die Einweihung der Brücke, wenige Jahre zuvor.

*

Die *Jahrhundertwende* konnte den Menschen gar nicht früh genug kommen; der Kaiser höchstpersönlich wurde um die Erlaubnis gebeten, das Fest schon am 1. Januar 1900 feiern zu dürfen — obwohl sich männiglich sehr beschwert hätte, wenn man ihm nur 99 Mark ausbezahlt hätte statt 100 Mark, die er erwarten durfte. Noch heute wird über diesen Punkt gestritten, und was unsere Söhne und Enkel zur Jahrtausendwende tun, ist ungewiß. Da unser Buch um die Drehscheibe von 1900 sich (ungefähr!) bewegt, müßten wir eigentlich ein großes Kapitel über diese Epoche einfügen, die ja auch wirklich, grob gesehen, ein Wendepunkt war. Das »Jahrhundert des Kindes« war angebrochen, und tatsächlich, so hohnvoll es aufs erste Wort klingen mag, es sind, allen Nöten zum Trotz, vielerlei Verbesserungen erzielt worden. Die Frauenbewegung hat sich auch in München gerührt, wenngleich nicht so heftig wie in Berlin. Modern sein wollten alle Leute, es wurde ein Schlagwort des uneingeschränkten Fortschrittsglaubens, harmlos genoß jedermann die Vorteile der technischen Erfindungen, die Segnungen der Hygiene, die bescheidenen ersten sozialen Sicherungen, den vermeintlich unerschütterlichen Frieden. Der Burenkrieg war für die Münchner Spießer (wer erinnert sich noch an das »Burenschnellfeuer«, ein laut schnackelndes Blechstückchen?) zuerst eine »Hetz«, dann freilich eine schmerzliche Tatsache, die russische Revolution und der Russisch-Japanische Krieg wurden wohl zu erbitterten Stammtischgesprächen, meist zugunsten der Japaner, und noch 1912, als die Völker »hinten weit in der Türkei« aufeinanderschlugen, fühlte man sich nicht ernstlich bedroht.

120 Das nächste große Ereignis war der *Ausbruch des Weltkrieges.* Er bot in München das gleiche Bild wie in anderen Städten des Reichs. — König Ludwig III. schreitet, vom Obersten List begleitet, im Oktober 1914 die Front des Bayerischen Reserveregiments 16, kurz *»List-Regiment«* genannt, im Hof der Türkenkaserne ab. Kurze Zeit später kämpfte die Truppe tapfer, aber mit furchtbaren Verlusten in der Schlacht um Ypern. Das Regiment ist den Münchnern, ähnlich wie die heldenmütige Jugend von Langemarck, der Inbegriff hohen Opfersinns geworden. Das Regiment bestand zu einem großen Teil aus Kriegsfreiwilligen. Infolge der überstürzten Einkleidung waren die Soldaten nicht alle mit Helmen ausgerüstet, sie trugen Wachstuchkappen mit feldgrauen Überzügen — das wurde ihnen beim ersten Sturmangriff zum Verhängnis, denn andere deutsche Truppen hielten sie für Engländer. Oberst List, viele Offiziere und ein großer Teil der Mannschaften fielen in den letzten Oktobertagen. Im ersten Bataillon stand auch Adolf Hitler; eine Reihe ehemaliger Kameraden (aber beileibe nicht alle!) wurden später seine Gefolgsleute.

Neue Zeitung
Unabhängiges sozialistisches Organ

Genosse Eisner ermordet!

Heute Vormittag, kurz vor 10 Uhr, als sich Genosse Eisner in den Landtag begeben wollte, wurde in der Promenadestraße vor dem Gebäude des Ministeriums des Aeußern auf ihn geschossen. Genosse Eisner wurde von 3 Schüssen in den Kopf getroffen und starb sofort. Der Täter, ein Graf Arco-Valley, Leutnant der Reserve, wurde von den Wachmannschaften sofort niedergeschlagen und liegt im Sterben.

Arbeiter und Soldaten!

Die Gegenrevolution hat zum ersten großen Schlage ausgeholt, indem sie den gehaßtesten Führer der sozialistischen Revolution niederstreckte.

Die Bürgerwehr, die Weiße Garde, der Mittwoch-Putsch sind die Etappen zur Erwürgung der sozialen Revolution.

Ihren Ausdruck fand das Wühlen der Reaktion in der verleumderischen Hetze einer feilen Presse, die heuchlerisch Ruhe und Ordnung predigend die Atmosphäre für den Meuchelmord schuf.

Arbeiter und Soldaten! Man will euch wieder unter das alte militaristische kapitalistische Joch beugen.

Jetzt gilt es zu handeln, die Revolution zu retten.

Auf zum Generalstreik! Heraus aus den Betrieben!

Nieder mit der Bourgeoisie und ihren verbrecherischen Helfershelfern!

Hoch die soziale Revolution!

Unabhängige Sozialdemokratische Partei

Schröder, Kämpfer, Gärtner,
Weiß, Paula Mayer, Jechenbach.

Druck: Max Steinebach, München.

121—122 Heute vermögen wir den *Umsturz von 1918* und selbst die *Räterepublik von 1919* schon kälteren Bluts historisch zu betrachten — aber damals stand es wohl schlimmer, als es vielen Münchnern zum Bewußtsein gekommen ist. Die »Revolution« kam eigentlich völlig überraschend, nach einer verhältnismäßig ruhigen Demonstration auf der Oktoberwiese. Es ist heute müßig zu fragen, ob sich der Aufruhr in den Anfängen hätte ersticken lassen. Jedenfalls flüchteten die Empörer schon auf das bloße Gerücht hin, der Kronprinz sei mit regierungstreuen Truppen im Anmarsch. Aber dann ging doch alles seinen Gang. Im Nationaltheater spielten die Hofschauspieler »Des Epimenides Erwachen« mit blutroten Dekorationen, Kurt *Eisner* (122) trat auf die Bühne und stellte sich dem Publikum. Erst mit seiner Ermordung überstürzten sich die Ereignisse. Levin und Leviné kamen ans Ruder, Ernst Toller bemühte sich vergeblich, das Schlimmste, wie den Geiselmord, zu verhindern. In den ersten Maitagen zogen die weißen Garden ein.

Das »Leben-und-leben-Lassen« hat auch eine düstere Kehrseite, nämlich dann, wenn man zu »wurschtig« die sich ausleben läßt, die einen nicht leben lassen wollen. Es ging noch um Haaresbreite gut hinaus, freilich steckte dann schon im Kampf gegen die »Novemberverbrecher« jener Keim, der München 1923 oder vielmehr 1933 zur »Hauptstadt der Bewegung« machte.

Hier wie dort eine finstere Erinnerung: Riesige, von Wut erfüllte Menschenmassen auf den Straßen, Flugblätter über Flugblätter, Schwerbewaffnete, die nicht durchweg fromme Bürger waren, die zur Wehr griffen, Schimpfereien und Schießereien — und all das in dem gemütlichen München, das, so hoffen wir, nunmehr als »Weltstadt mit Herz« dergleichen nicht mehr erleben wird.

121

122

*

Zur Revolution kam die *Inflation* — und wann eigentlich die »goldenen Zwanziger« gewesen sein sollen, bleibt rätselhaft. Wahrscheinlich gab sie's aber doch, weil wir jung waren. Wer noch einen braunen Tausender besitzt, soll ihn aufheben, er gewinnt an Erinnerungswert: was konnte man, 1900, alles drum kaufen! Halb München, so wie es war ... Über den Geldverlust wollen wir nicht jammern — aber die wirtschaftliche Verarmung (1948 zum zweitenmal!) hat gerade den Bürgern auch viele Möglichkeiten der Muße, der Kunstpflege — und der geistigen wie gesellschaftlichen Unabhängigkeit geraubt.

Nicht als ob zu Friedenszeiten jeder Kommerzienrat ein Mäzen oder ein Held gewesen wäre, der sich seine Meinung zu sagen getraute. Aber der Leute, die »des Lied« singen müssen, sind doch mehr geworden, viel mehr. Und das wirkt sich auch auf den Geist eines Volkes, auf den Freiheitssinn einer Stadt aus!

123 Von den Plakaten, die zur *Kunstausstellung* einladen, bringen wir nur eins, von Nikolaus Gysis, einem Münchner Maler aus Griechenland. Andere, etwa von Franz von Stuck, sind noch bekannter geworden.

124 Auf Prunk hat man im Glaspalast damals mehr Gewicht gelegt, als man das bei Ausstellungen heute tut. Zur Eröffnung fuhr jedes Jahr der Regent vor; ein gutes Bild war leider nicht zu beschaffen — und so bringen wir das *Foyer*, wie es, jedesmal eine Überraschung, den festlichen Besuchern sich auftat.

125 Der *Glaspalast* wurde 1854, im durch die Cholera unvergeßlichen Schicksalsjahr, auf dem Gelände des (1913 nach Nymphenburg verlegten) Botanischen Gartens mit einer Industrie- und Kunstausstellung eröffnet. 1931, in einer wundervollen Frühsommernacht, ging er in Flammen auf, einen Tag vor der Eröffnung einer Ausstellung. Das Gebäude war dem Londoner Crystal-Palace nachgebildet, wurde lange von den Münchnern als Fremdkörper empfunden (sollte sogar abgebrochen werden), bis man sich an das Ungeheuer gewöhnte und es für viele Zwecke (1882 die berühmte Elektrizitätsschau mit der ersten Kraftübertragung Oskar von Millers, Turnerfeste, Riesenempfänge, Blumenschauen usw.) verwendbar fand. Anderthalb Millionen Kilo Gußeisen und 73 000 Glastafeln wurden in acht Monaten unter Leitung von Baurat Voit montiert, 12 000 qm wurden bei einer Höhe von 23 m überbaut. Seit 1889 diente er den weltberühmt gewordenen Ausstellungen der Münchner Künstlergenossenschaft. Das Gebäude galt für unverbrennbar, so daß selbst die Versicherung gekündigt wurde. Der

Brand wurde durch die leichtsinnige Anhäufung von mit ätherischen Ölen getränkten Lumpen (zum Rahmenputzen) verursacht. Lange glaubte man an einen Racheakt; das Feuer – ein schauerlich-schöner Anblick – wurde als ein Fanal empfunden: Neun Jahre später sank die halbe Stadt in Asche.

Ein besonderes Unheil war es, daß ausgerechnet in diesem Jahre 1931 alle Galerien Deutschlands, ja der Welt, und viele Privatsammler ihre kostbarsten Schätze zu der Ausstellung der deutschen Romantik gesandt hatten. Geladene Gäste hatten noch am Vortag die wundervollen Gemälde von Friedrich, Runge, Fohr, Koch oder Olivier betrachten können – ihre Vernichtung ist nicht nur für die meistbetroffenen Museen, wie Hamburg oder Leipzig, ein unersetzlicher Verlust, sondern für das ganze deutsche Volk, für das Abendland schlechthin.

126–127 Auch *das* ist München, so wie es war – und wir wünschen es uns nicht zurück. Aber unterschlagen wollen wir es auch nicht. *Oben:* Der Aufmarsch auf dem zum »Plattensee« gewordenen »Königlichen Platz«, im

126

Hintergrund die »Führerbauten« und die beiden Ehrentempel (an Stelle des reizenden Biedermeier-Palais Drexel). Ganz vorn die Blutfahne, dann Adolf Hitler mit den Kampfgefährten des Putsches vom 8. auf den 9. November 1923. *Unten* das bereits um ein Stockwerk erhöhte Palais Barlow als »Braunes Haus«, im Volksmund »Denuntiatur« genannt, als Gegenstück zur jenseits liegenden Nuntiatur in der Briennerstraße. Ausgerechnet die »Führerbauten« sind von den Bomben ziemlich verschont geblieben, freilich hat man sie in dem zerstörten München dann nötig gebraucht. Die Ehrentempel sind abgerissen, und man läßt das Gras über sie wachsen — auch eine Weise zur Bewältigung der Vergangenheit.

127

128

128–130 Einen dicken Band könnten wir mit Bildern von *Münchens Zerstörung* zusammenstellen – wir bringen bloß drei: den Brand des *Kongreßsaals* des Deutschen Museums (128); die *Bockerlbahn* (129), auch »der rasende Gauleiter« genannt, wie sie vor dem noch unzerstörten Verkehrsministerium hält. Die Straßenbahnen sind großenteils schon ausgefallen, verschossen und doch unverdrossen fahren die Münchner zu und von ihren Arbeitsstätten. Es bleibt bewundernswert, wie immer wieder versucht wurde, in der zerschlagenen Stadt das Leben aufrechtzuerhalten; Notbehelfe, mühsam eingerichtet, waren oft schon nach wenigen Tagen wieder unbrauchbar gemacht; und, als drittes Bild (130), ungefähr dieselbe Stelle nach dem Ende des Krieges. Die Kuppel ist seitdem abgetragen worden, der massive Steinbau ist noch eine der wenigen Halbruinen.

*

In diesem Jahr 1965 haben wir der zwanzigjährigen Wiederkehr jener schrecklichen Tage eindringlicher als sonst wohl gedacht – daß ihnen, nach 48, das Wirtschaftswunder folgen würde, hat damals niemand vorausgesehen. Es wäre aber auch heute – und morgen vielleicht noch mehr – heilsam, sich des Lebens Wandelbarkeit immer vor Augen zu halten. Der Jugend freilich, die im Wohlstand aufgewachsen ist, läßt sich eine Bombennacht oder der bis zur Erschöpfung gehende Kampf um ein Stück Brot oder einen Schluck Milch für die Kinder schwer erklären. Hoffen wir nur mit aller Inbrunst, daß ihr ähnliche oder gar noch schrecklichere Erfahrungen erspart bleiben!

»*Das war das Ende:* 45 Prozent der Bausubstanz von 1939 waren zerstört; Einwohner (tiefster Stand 30. April 1945): 479 000 = 58 Prozent der Bevölkerung von 1939; total zerstörte Wohnungen: 81 500 (vorher: 261 606 Wohnungen); Luftkriegsopfer: 6632; gefallene Münchner Soldaten: 22 346 (im Ersten Weltkrieg waren 13 000 Münchner gefallen); heute noch vermißte Münchner Soldaten: 10 900; ein Viertel des Schienennetzes der Verkehrsbetriebe war völlig zerstört, nur etwa die Hälfte des Schienennetzes zusammenhängend befahrbar; zwei Fünftel aller Triebwagen, ein Fünftel aller Beiwagen zerstört; notdürftig einsatzfähig: 170 Triebwagen, 280 Beiwagen, 44 Kraftomnibusse.« *(Zeitungsnotiz)*

129

130

131 Das Deutsche Theater, die Hochburg des Münchner Faschings, wurde viele Jahre von Hans Gruß geleitet. Das Plakat stammt von Adolf *Münzer*.

*

Ein richtiger Münchner meines Jahrgangs kann sich das Karnevalstreiben um die Jahrhundertwende (132) mühelos ins Gedächtnis zurückrufen, das so ganz anders war als die Umzüge von heute mitsamt dem Prinzenhofstaat, den wir den Kölnern abgeschaut haben. Nur der *Bubenfasching* ist noch ungefähr derselbe geblieben, mit seinen Wildwestlern und Indianern, die rudelweise in den Straßen auftauchen und manchmal, ein bißchen unbeholfen und verfroren, lustiger sein möchten, als sie sind.

Vor dem Ersten Weltkrieg war die Maximilianstraße der Mittelpunkt eines Korsos, in dem reiche Mitbürger in geschmückten Zweispännern fuhren, wohlverproviantiert mit Krapfen und Süßigkeiten, die sie unters Volk warfen, mehr noch freilich mit Konfetti und Luftschlangen, mit denen sie stürmische Schlachten ausfochten. Um vieles gewaltiger waren die Vorräte der Zuschauer, die aus allen offenen Fenstern quollen, unter denen immer Kinder und Erwachsene drängelten und hüpften, um die an einem Schnürchen tanzende Orange oder Wurst zu ergattern. Pierrots (133) und Pierretten, aus der besten Gesellschaft, zogen in weißen Wolken durch die Straßen, die Radfahrervereine hatten ihre berühmten Artisten gestellt, die in drolligen Verkleidungen die Freitreppen des Hoftheaters auf und nieder fuhren. Das glänzendste Schauspiel aber boten die Offiziere, die auf edlen Pferden heransprengten, als Buren, Hereros, Indianer jeweils echt bis in die Sattelknöpfe und durch ihre noble, fröhliche und oft tollkühne Ritterlichkeit den Ton angebend, den dann auch der sogenannte kleine Mann gerne aufnahm, indem er darüber wachte, daß sich nirgends Unfläterei und Pöbelhaftigkeit einschlich; zu lautem Jubel und ausgelassenem Lärmen neigen die Münchner ohnehin nicht, »stadlustig« waren sie auch damals schon, bis dann alles mehr und mehr, nach dem Kriege, müder wurde und zugleich angestrengter, während aus den Untergründen der wachsenden Großstadt jene Kräfte aufstiegen, die die heitere Harmlosigkeit des Münchner Faschings trübten. — Soweit vom Straßenfasching: Noch berühmter freilich waren die Feste, vor allem die der Künstler. Sie waren in der guten Zeit streng geschieden: die urwüchsige »Bauernkirta« oder »Vorstadthochzeit« war ganz anders als das »orientalische« Fest; die offiziellen Frackbälle wiederum nicht zu verwechseln mit den *»Redouten«*. Über die lassen wir *Josef Ruederer* berichten: »Drinnen im Saale, da bricht's los, schmetternd und jubelnd. Die Dominos schwingen die Fächer, die Tänzer streichen die Glatzen ab oder fahren mit dem Taschentuch über das heiße Gesicht. Und in den Logen kracht's mit froher Verheißung von den Pfropfen der Sektflaschen. Aber schon ruft's zum nächsten Tanz, zur Française. Und da stürzt es wieder aus allen Ecken mit jener Hast, die fürchtet, zu spät zu kommen. Man hebt kreischende Weiber über die Brüstung der Logen, man pufft nach allen Seiten, man drängt und schiebt ohne Rücksicht, ohne Pardon. Mit Not und Mühe stellen Tanzordner die einzelnen Schlachtreihen auf. Tönen aber die ersten Klänge, dann löst sich's in Vor- und Zurücktreten, in Komplimente und Kußhände, in Balancieren und Drehen. Immer lauter tönt der Jubel, immer kecker fliegen die Röcke — da, bei der vorletzten Tour hebt sich im rasenden Ringelreih das wiehernde Lachen zum bacchantischen Gebrüll. Als ob der Hörselberg losbräche mit Faunen und Nymphen. Alle die hochgehobenen Weiber mit fuchtelnden Armen und strampelnden Beinen erscheinen in diesem Augenblick wie ein ungeheures Ganzes, ein Riesenpolyp, der mit den Männern erst Fangball spielt, ehe er sie gänzlich verschlingt.«

*

Lassen wir noch einen »alten Faschingshasen«, René *Prévot*, zu Wort kommen:

»Die Künstler Münchens wirkten nicht nur bei ihren eigenen stilvollen Festen, sondern auch bei allen bürgerlichen Anlässen mit. Dichter wie Paul Heyse, Fritz v. Ostini, der Meisterhumorist Konrad Dreher schrieben

132

133

134

135

136

Festspieltexte zum berühmten ‚Armenball'. Marksteine jener festfrohen Entwicklung, die Lenbach dazu benutzte, um die Ausfälle der Kunstausstellungen zu decken, sind die Feste der Künstlervereinigung ‚Allotria', der sich alle damaligen Größen mit hervorragenden Plakatentwürfen und Festeinladungen zugesellten.
Ja, die Française! Sie stand im Mittelpunkt des außerdem vom sieghaften Ländler und Walzer beherrschten Münchner Volksfaschings, der mit herkömmlicher kirchlicher und staatlicher Duldung zwischen Dreikönig und Aschermittwoch seine wilden bunten Wogen schlug. Die ersten Redouten fanden in den achtziger Jahren im ‚Odeon' statt, es folgten die volkstümlicheren im ‚Colosseum' und in den Zentralsälen. Im ‚Münchner-Kindl-Keller' kostete es ein Fuffzgerl.
Besonders naturecht ging's bei der Schwabinger ‚Bauernkirchweih' der Kunstakademie zu, wo jedes Kleidungsstück auf seine Richtigkeit sachkundig geprüft wurde, wo man Bronze-Plaketten aus der Werkstatt eines Meisters wie Ignatius Taschner erhielt, und wo die Umwelt die begeisterungsfähige Jugend nicht selten zu einer frischfröhlichen Rauferei anregte.
Nach dem Ersten Weltkrieg noch erlebte man den festlichen Stimmungsreiz einstiger Romantik, etwa, als das altmünchnerische Pressefest den malerischen ‚Grünen Heinrich' von Ernst Hohenstatter inszenierte. Hier wirkte zum erstenmal die 1924 von Dyrchs gegründete Bürgerzunft ‚Alt-Monachia', die sich als Hüterin des
137 geselligen Geistes und der Traditionen Münchens fühlt. Schon 1903 hat ein Kreis junger Künstler die Faschingsvereinigung der ‚Gaukler' gegründet, deren malerische Feste im Löwenbräukeller zu den echtesten und phantastischsten Erlebnissen des Münchner Faschings gehören. In jene Zeit nach der Jahrhundertwende fiel die Gründung einer Hausgemeinschaft, die in der Geschichte Schwabings und seiner Künstlerfeste einzig dasteht und selbst auf dem geistverwandten Pariser Montmatre ohne Gegenstück bleibt. Die Zugehörigkeit zur ‚Pension Fürmann' galt bis 1914 als voll ausgefüllter Lebensberuf. Die echtesten Künstlerfeste Schwabings wurden hier gefeiert.
Doch diese selige Zeit ist schon seit dem Ersten Weltkrieg vorbei. Aber es steckte soviel ‚lebendiges München' darin, daß es im neuen zeitverwandten Stil wieder auferstehen muß . . .«

134 Die Anfänge der *»Münchner Karnevalsgesellschaft«*, aus der sich die bekannte »Narrhalla« entwikkelte, die heute das Gesicht des offiziellen Faschings bestimmt. In der Mitte der Präsident, Kommerzienrat Caspar Braun, der Sohn des Gründers der weltberühmten »Fliegenden Blätter« und der Münchner Bilderbogen. Der Dicke rechts ist der Kommerzienrat Fritz Arnold, von dem viele Anekdoten zu erzählen wären. Hinter dem Präsidenten Joseph Benno Sailer, ein beliebter Volksschriftsteller (mit Schnurrbart und Zwicker).

135 Ein mehr privates Fest in den »Drei Rosen«, lauter Freunde unter sich, aber etwa durch einen falschen Schnurrbart so verwandelt, daß man seinen eigenen Schwager nicht gleich erkannte.

136 Dachauer Bauern ziehen in die Stadt — gewiß faschingsmäßig übertrieben, aber nicht viel anders konnte man früher auch außerhalb der närrischen Zeit die Landbevölkerung in Münchens Altstadt sehen.

*

137 Eine Besonderheit war der Münchner *Skifahrerfasching*, der, etwa auf dem Sudelfeld, heute noch nachblüht. Was es aber nicht mehr gibt, ist der tausendköpfige Wald von »Brettlhupfern«, die sich, oft geradewegs von einer Ballnacht kommend, auf dem Holzkirchner Bahnhof im Morgengrauen versammelten. Die Welt ist nobler geworden, die Mühsal einer Skitour auf die Tegernseer oder Schlierseer Berge nimmt die Jugend nicht mehr auf sich; auch die Rodler sind ausgestorben, Herzogstand, Brünnstein oder Hochgern sind nicht mehr so besucht. Ich weiß schon, daß sie nicht mehr recht hierher passen, zum Fasching; aber irgendwo wollte ich sie doch unterbringen; und weil's schon gleich ist, die Eisstockschießer auch — die gibt es noch, wie in der besten alten Zeit.

138 Ein Bild für hundert: *Künstlergeselligkeit* im München der Jahrhundertwende! Gabriel von Seidls 60. Geburtstag, 1908, in der zu einem Richtfest dekorierten »Allotria«, aus ihrer verschollenen Glanzzeit. Die Gäste sind zum Teil als Maurer, Zimmerleute und Mörtelweiber kostümiert, andere haben sich wenigstens falsche Bärte umgehängt — aber die meisten sind echt. Wer es alles ist, das ist kaum noch festzustellen; denn immer wieder versäumen die Zeitgenossen, ihre Bilder zu beschriften. Jedenfalls eine echte Mischung aus zwangloser Heiterkeit, Stilgefühl und — guter Gesellschaft. Denn unter all den Gesichtern, die uns da entgegenblicken, scheint keins zu sein, das nicht einen Namen vertritt, auch wenn wir ihn nicht mehr kennen — bis auf ein paar: Im Vordergrund der Kronprinz Rupprecht, im Gespräch mit Friedrich von Thiersch(?), daneben der schnurrbärtige Dr. Georg Hirth (weiß); gegenüber in der Mitte Erzgießer von Miller und, rechts vom Kronprinzen, Gabriel von Seidl; zu seiner Seite eine Tochter von Thiersch, neben ihr Hildebrand. Mitglieder der Familie von Miller, Defregger, Hengeler, Bradl und andere wurden von einem Gremium ältester Münchner noch ausgemacht, aber sicher sind noch mehr Berühmte in der fröhlichen Runde.

Münchens guter Stern. — Hermann Proebst, der Chefredakteur der »Süddeutschen Zeitung«, sprach und schrieb zum 800. Geburtstag der Stadt: »Es ist das Wachstum dieser Stadt so wenig zu erklären, wie die durch nichts zu brechende Anziehung, die von ihr ausgeht. Es muß ihr eine sehr stetig wirkende Kraft zur Sammlung wie zum Beharren innewohnen. Und wenn man bedenkt, wie oft es mit ihr hätte aus sein können — nachdem der Reichstag drohte, den kaum erst errichteten Markt wieder aufzuheben, nachdem Herzog Wilhelm das Salzmonopol löschte oder nachdem der Schwedenkönig Gustav Adolf seine Geiseln holte —, dann wird man wohl einsehen, daß diese Stadt einen guten Stern haben muß . . .

Nach dem Ersten Weltkrieg jammerten die streng liebenden Freunde unserer Stadt, mit München sei es leider ganz aus, gar nichts sei mehr damit los, nur noch unaufhaltsamer Niedergang. Die Münchner waren nicht sonderlich beeindruckt und dachten nur, das kommt doch sicher wieder aus Wahnmoching. Ein kluger Mann prägte auf München das Wort: teils kann es nicht, teils will es nicht. Was das Können angeht, so macht der Beistand der hochgeschätzten Zugereisten sicher viel. Wenn jedoch ein Münchner sagt, i mag net, dann bringt ihn auch ein ganzes Fuder von Kulturkritikern nicht mehr auf Trab. Diese Verhaltensweise hat noch stets verhindert, daß München sein Wesen verlor, und dieses Wesen bildet gerade das Element, das zur Landschaft, zur Gunst der Lage, zum Klima noch hinzukommen muß, damit Höhepunkte und glanzvolle Zeiten immer wieder einmal möglich werden. Das Geheimnis ist, daß der Münchner nicht immer nur ausgibt und angibt, aufdreht, darstellt, leistet, sondern daß er auch sammelt, auch sich sammelt. Er sagt nicht nur, ich möcht mei Ruah, sondern

138

er braucht seinen Grübigen wirklich, und da läßt er sich durch nichts drausbringen.
‚Das Genie unter den Städten', so hat ein Dramatiker aus dem höchsten Norden München genannt. Mit einem Genie soll man nicht rechten oder gar streiten, man kann es eigentlich nur bewundern und von ganzem Herzen wünschen, daß es uns mit all seinen Widersprüchen, mit seinen Launen und Streichen erhalten bleibe.«

139–142 Franz *Lenbach* wurde 1836 in Schrobenhausen/Obb. geboren; er kam 1856 nach München zu Piloty. Er war in seinen jungen Jahren ein großartiger Maler (Hirtenknabe, Roter Schirm). Je mehr aber, nach seiner Rückkehr aus Rom und Wien, der Ruhm und die Porträtaufträge stiegen, desto mehr wuchs seine Altmeisterlichkeit als Maler und sein Selbstbewußtsein als Mensch. Seit 1882 war er der Malerfürst Franz von Lenbach. Noch entstehen herrliche Bildnisse (Döllinger, Bismarck). Schließlich wurde Lenbach jedoch der Zauberer, an dessen Kunststücke schon bei seinem Tod, 1904, die Kenner nicht mehr glaubten; heute ist er so unterschätzt, wie er auf der Höhe seines Lebens überschätzt wurde, als er von seinem Renaissancepalast neben den Propyläen aus das Münchner Kunstleben beherrschte und, unter anderm, am Weggang des größeren Wilhelm Leibl mitschuldig war. Sein Gegenspieler Friedrich August *Kaulbach* hat Lenbach in vielen witzigen Zeichnungen »verhohnepipelt« (140); obwohl auch er als Maler verdächtig ähnliche Züge aufwies, als Karikaturist war er herrlich! Besonders in dem Buch über die Künstlergesellschaft »Allotria« können wir viele Spottbilder und -verse über den berühmten Kollegen finden, der durch sein selbstherrliches: »Des kann i net hab'n!« wichtigste Entscheidungen unter den Tisch fegte. Da wir aber keine alten Kriegsbeile ausgraben wollen, sei auch ein Wort des Dankes gesagt: Mit Gabriel und Emanuel von Seidl, mit vielen anderen Künstlern zusammen hat Lenbach das Künstlerhaus geschaffen. Adolf *Hengeler* hat diesen *»Schwanengesang der Alten«* (141), mit Rudolf Seitz am Steuer, humoristisch festgehalten; von ihm stammt auch das Bild des *»Diktators« Lenbach* (142) – bei aller Parodie doch ein Zeugnis für das »dekorative« und heitere Künstlerleben jener Jahre.

Wann war sie eigentlich, die gute alte Zeit? Immer schon früher! Als vor dem Ersten Weltkrieg das gesellige Leben, nach unseren frühen Eindrücken, in vollster Blüte stand, mit seinen Vereinigungen, Faschingsbällen, Kegelabenden und Stammtischen in Wirtshäusern und Sommerkellern, gab es auch schon Verdrossene genug, die meinten: »Lieben Freunde, es gab bessere Zeiten ...« Und zwischen 1918 und 1933 trauerte man wieder um verlorne Paradiese – mit Recht vermutlich. Daß es jetzt auch im gerühmten München nicht mehr stimmt, werden nicht nur die Alten, sondern auch Jüngere gelten lassen.

141

143 Einer der Großen um die Jahrhundertwende war Franz *von Stuck*, der, im niederbayerischen Tettenweis 1863 geboren, in München die Sezession (gegen Lenbach) mitbegründete und mit Bildern wie »der Krieg« oder »die Sünde« weltbekannt wurde. Über solchen Schaustücken sollten wir den Bildhauer und Zeichner sowie die nobleren Arbeiten des Malers, wie das »Kerzenbankett«, nicht vergessen. Die Münchner Jahre von Liebermann, Corinth, Slevogt und den »Blauen Reiter« können wir nur andeuten, so schwer es fällt, keine Kunstgeschichte zu schreiben.

Durch der Parteien Gunst und Haß verwirrt, schwankte lange, besonders in den zwanziger Jahren, Münchens Charakterbild in der Geschichte. Viele Künstler von Rang verließen Isar-Athen, Berlin prägte das Schlagwort von der »dümmsten Stadt der Welt«, große Protestkundgebungen, auf denen u. a. Thomas Mann, Wilhelm Hausenstein sprachen, gaben der unglücklichen Liebe zu München Ausdruck. Schließlich wurden wir gar die »Hauptstadt der Bewegung«, und der »Niedergang der Kunststadt« wurde ausgerechnet im »Haus der deutschen Kunst« besiegelt. Nebenan, im »Kunstverein«, wurde die Ausstellung der »entarteten Kunst« gezeigt. Das alles darf der Chronist nicht verschweigen, wenn er nicht als einseitiger *laudator temporis acti* auftreten will.
Auch die schöne Helena ward bewundert viel und viel gescholten — inwieweit sie für ihre Liebhaber alle verantwortlich war, bleibe dahingestellt; jedenfalls, eine so geliebte Stadt wie München, die in tausend Büchern und Aufsätzen gerühmt und getadelt wird, hat's nicht leicht . . .

142

143

144–145 *Die Kunststadt München* hat viele Wandlungen durchgemacht, hat Höhen erklommen und Niederlagen hinnehmen müssen, bis sie als »Stadt der deutschen Kunst« ihren tiefsten Fall tat, von dem sie sich erst wieder erholen muß. Wir wollen in diesem Erinnerungsbuch keinen Streit über Stilfragen entfesseln, sondern nur in der krassen Gegenüberstellung zweier Bilder den weiten Weg zeigen, den die Kunst gegangen ist: die Titelseite einer wirklich führenden deutschen Zeitschrift mit dem von Jugendstil umrahmten Böcklin-Gemälde — und den Katalog der Ausstellung »Entartete Kunst« aus dem Jahr 1937.

*

Zu den größten Ruhmestaten Münchens zählt die Erneuerung des *Kunstgewerbes*, von der Gründung des Kunstgewerbevereins 1851 bis auf den heutigen Tag. Die völlig erloschene und mißachtete Überlieferung wurde neu belebt — und wenn uns im Wandel des Geschmacks auch nicht alles gefällt, wer weiß, ob es nicht unsern Enkeln wieder gefallen wird!

München als Stadt der Wissenschaft haben wir fast unberücksichtigt lassen müssen. Und doch hat sie seit je eine große Bedeutung gehabt, nicht nur wegen der Universität, der Technischen Hochschule, der Akademie der Wissenschaften und der Staatsbibliothek. Auch wenn wir nicht auf Ohm, Steinheil, Liebig oder Pettenkofer zurückgreifen, können wir viele Weltberühmte aufzählen, Willstätter oder Diesel, von Baeyer, Wieland, von
144 Wien, Quidde oder Röntgen, um nur einige anzuführen, die wir für München in Anspruch nehmen dürfen.

145 *Von Heine bis Wolfe:* »Wollte man in der äußerlichen Erscheinung München mit Berlin vergleichen«, schreibt Heine, »so könnte man mit Recht behaupten: München bilde ganz den Gegensatz von Berlin. München nämlich ist eine Stadt, *gebaut von dem Volke selbst*, und zwar von aufeinanderfolgenden Generationen, deren Geist noch immer in ihren Bauwerken sichtbar ist.«

Schon der alte Grantler Josef *Ruederer* ist, 1902, zum Propheten geworden: »Der Niedergang Münchens als Kunststadt ist ja schon lange vollzogene Tatsache, die Preußen werden über kurz oder lang die Stadt erobern, der Hofbräuhäusler wird Berliner Jargon sprechen und der bayerische Staatsbürger in deutschen Reichseisenbahnen zum Starnberger See fahren; der Rahmen aber, in dem sich dies lustige Theater abspielt, der große, leuchtende Rahmen, wird nimmer vergehen.«

Aber ein Menschenalter später hat Thomas *Wolfe* München wieder ohne Einschränkung gepriesen: »Was könnte man über München anderes sagen, als daß es eine Art von deutschem Paradies sei? Viele Menschen schlafen und träumen manchmal, sie seien in den Himmel gekommen — in ganz Deutschland aber träumen die Leute oft, sie seien nach München, nach Bayern gefahren. Und tatsächlich ist diese Stadt auf erstaunliche Art und Weise ein großer deutscher, ins Leben übersetzter Traum.«

146–148 Das *Musikleben* Münchens, so großartig es ist, müssen wir mit ein paar Andeutungen da und dort abtun. – Vor hundert Jahren, 1865, war die Uraufführung von »Tristan und Isolde« – wir bringen aber den Theaterzettel (147) mehr als Kuriosum: Bis zum Zweiten Weltkrieg ist er sich gleich geblieben, zuerst um zwei Kreuzer, später um zehn Pfennige. Trotzdem schnitten sich die sparsamen Münchner den Text aus den »Neuesten« heraus. Der Dirigent, Hans *von Bülow*, ist nicht genannt, um so ausführlicher Bühnenbildner und Costumier. Bitte, auch die Preise zu betrachten und mit den zwanzig Mark bei den Festspielen im Prinzregententheater, 1901 (148), zu vergleichen. Schließlich zeigen wir noch ein Jugendbildnis von Richard *Strauss* (146).

Während dieses Buch geschrieben wird, ist mit Hans *Knappertsbusch* einer der bedeutendsten Dirigenten der Welt dahingegangen: Am 25. Oktober 1965 ist er, siebenundsiebzigjährig, in München gestorben – er war *unser* »Kna«, einer der vielen weltberühmten Wahlmünchner, die wir ganz für unsere Stadt beanspruchen dürfen. Daß auch sein Vorgänger, Bruno *Walter*, unvergessen bleibt, sei in Verehrung angefügt. Welcher was besser konnte, wird noch lang ein Streitgespräch begeisterter Musikusse bleiben.

Bis auf Felix *Mottl* wollen wir nicht zurückgehen, aber dem Ur-Münchner *»Fischer-Franzl«* ein Gedenken widmen.

146

147

148

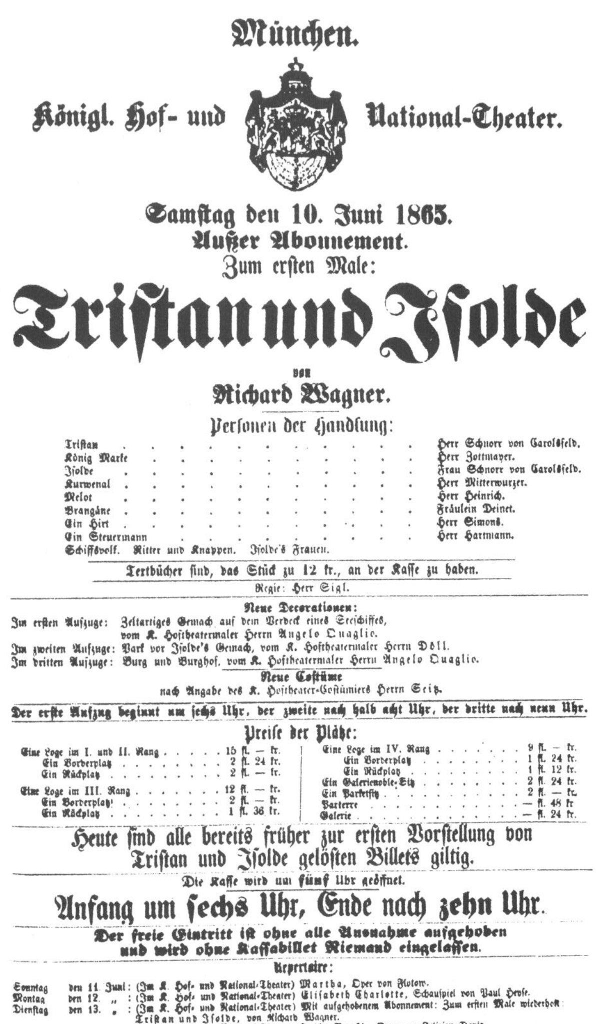

München.

Königl. Hof- und National-Theater.

Samstag den 10. Juni 1865.
Außer Abonnement.
Zum ersten Male:

Tristan und Isolde

von

Richard Wagner.

Personen der Handlung:

Tristan	Herr Schnorr von Carolsfeld.
König Marke	Herr Zottmayer.
Isolde	Frau Schnorr von Carolsfeld.
Kurwenal	Herr Mitterwurzer.
Melot	Herr Heinrich.
Brangäne	Fräulein Deinet.
Ein Hirt	Herr Simons.
Ein Steuermann	Herr Hartmann.

Schiffsvolk. Ritter und Knappen. Isolde's Frauen.

Textbücher sind, das Stück zu 12 kr., an der Kasse zu haben.

Regie: Herr Sigl.

Neue Decorationen:

Im ersten Aufzuge: Zeltartiges Gemach auf dem Verdeck eines Seeschiffes, vom K. Hoftheatermaler Herrn Angelo Quaglio.
Im zweiten Aufzuge: Park vor Isolde's Gemach, vom K. Hoftheatermaler Herrn Döll.
Im dritten Aufzuge: Burg und Burghof, vom K. Hoftheatermaler Herrn Angelo Quaglio.

Neue Costüme
nach Angabe des K. Hoftheater-Costümiers Herrn Seitz.

Der erste Aufzug beginnt um sechs Uhr, der zweite nach halb acht Uhr, der dritte nach neun Uhr.

Preise der Plätze:

Eine Loge im I. und II. Rang	15 fl. — kr.	Eine Loge im IV. Rang	9 fl. — kr.
Ein Vorderplatz	2 fl. 24 kr.	Ein Vorderplatz	1 fl. 24 kr.
Ein Rückplatz	2 fl. — kr.	Ein Rückplatz	1 fl. 12 kr.
Eine Loge im III. Rang	12 fl. — kr.	Ein Galerienoble-Sitz	2 fl. 24 kr.
Ein Vorderplatz	2 fl. — kr.	Ein Parketsitz	2 fl. — kr.
Ein Rückplatz	1 fl. 36 kr.	Parterre	— fl. 48 kr.
		Galerie	— fl. 24 kr.

Heute sind alle bereits früher zur ersten Vorstellung von Tristan und Isolde gelösten Billets giltig.

Die Kasse wird um fünf Uhr geöffnet.

Anfang um sechs Uhr, Ende nach zehn Uhr.

Der freie Eintritt ist ohne alle Ausnahme aufgehoben und wird ohne Kassabillet Niemand eingelassen.

Repertoire:

Sonntag den 11. Juni: (Im K. Hof- und National-Theater) Martha, Oper von Flotow.
Montag den 12. „ : (Im K. Hof- und National-Theater) Elisabeth Charlotte, Schauspiel von Paul Heyse.
Dienstag den 13. „ : (Im K. Hof- und National-Theater) Mit aufgehobenem Abonnement: Zum ersten Male wiederholt: Tristan und Isolde, von Richard Wagner.
Donnerstag den 15. „ : (Im K. Hof- und National-Theater) Lalla Rookh, Oper von Felicien David.

Der einzelne Zettel kostet 2 kr.

Druck von Dr. C. Wolf & Sohn

149—150 *Thomas Mann* (etwa um die Jahrhundertwende, als er seine berühmte Novelle schrieb: »München leuchtete«) und viele junge *Münchner Autoren*, aus den zwanziger Jahren, in der Bücherstube von Horst Stobbe vereint. Sitzend von links Josef Magnus Wehner, Gottfried Kölwel, Kuni Tremel-Eggert, Eugen Roth, Ruth Schaumann und, ganz rechts, Hans Brandenburg, dessen Bildnis leider dem Übereifer des Metteurs zum Opfer gefallen ist, obwohl gerade er, der Achtzigjährige, ein besonderer Zeuge von München-Schwabings großer Zeit ist. Stehend (über Kölwel) Horst Stobbe, Paul Alverdes, Ernst Penzoldt, Willy Seidel. Im Hintergrund das Bild von Max Halbe. Eine Reihe von Köpfen ließ sich nicht mehr ausmachen. Ob unter den zahlreichen Damen noch Schriftstellerinnen zu entdecken wären, ist fraglich geblieben. Einen tiefsinnigen Betrachter mag Rührung ergreifen, wenn er bedenkt, wie viele junge Menschen sich strebend bemüht und auch Bedeutendes erreicht haben und wie dann doch der Weltruhm nur einem zufällt.

*

Das sogenannte »zweite Café« im Hofgarten war bis in die zwanziger Jahre hinein der sommerliche Treffpunkt des geistigen München, besonders der Literaten. Kaum ein Berühmter (oder: wer es werden wollte, wozu schon ein Gedichtabdruck in der »Jugend« genügte), der nicht dort gesessen hätte, Freund an Feind. Aber nur von zwei bis vier Uhr. Wer später kam, sah bloß noch die gewohnten Privatiers und Hausfrauen.

149

150

151

152

153

154

151–154 Marya *Delvard,* die erst jüngst hochbetagt gestorben ist, war als »Diseuse« eine der großen Nummern der Künstlerkneipe »Simplicissimus«, deren Geschichte weitläufig ist. Ihre Glanzzeit erlebte sie unter der Leitung der urwüchsigen Kathi *Kobus. Ringelnatz, Wedekind* (153), die *Elf Scharfrichter* sind nur ein paar Stichworte.
Die Zeitschrift *»Simplicissimus«*, 1896 von Albert Langen gegründet und die harmlosen »Fliegenden Blätter«, ja selbst die fast gleichzeitig mit ihr von Georg Hirth ins Leben gerufene »Jugend« bald überflügelnd, hat eigentlich mit der Kneipe nur den Namen gemein; Th. Th. *Heine* erlaubte ihr, seinen Mops als Plakat zu benützen. Von den anderen *Treffpunkten Schwabings* sind u. a. »Papa Steinicke« in der Adalbertstraße (ursprünglich Buchhandlung), das Café »Größenwahn« (Stefanie) und sein Gegenspiel, das Café Glasl, zu erwähnen. Daß wir drüber Seite um Seite schreiben könnten, muß uns der Leser aufs Wort glauben.
Inzwischen sind in Schwabing Dutzende von Künstlerkneipen (ohne Künstler) und Nachtlokalen entstanden; wer sie besuchen will, findet in den einst so stillen Straßen eine halbe Meile weit keinen Parkplatz. Gerühmt soll noch die alte »Seerose« sein, in der sich wirklich ein Kreis von Malern und Dichtern trifft, zu denen sogar das Stadtoberhaupt, Dr. Vogel, als Nikolaus kommt.

155—156 Der *Papa Schmid* (155) mit seinem berühmten Münchner Kasperl muß in dieses Buch, denn durch sein Marionettentheater (Theodor Fischer baute das entzückende Tempelchen an der Blumenstraße, 1900) hat er für groß und klein Unvergeßliches getan (zusammen mit dem Grafen Pocci) und ist der Ahnherr der für das Puppenspiel wichtigste Stätte der Welt geworden. Schwieriger war schon zu entscheiden, wen man als den bedeutendsten volkstümlichen Schauspieler neben Karl Valentin wählen sollte. Es hätte ebensogut, ja um viele Grade feiner, Gustl *Waldau* sein können. Aber der ist ja ohnehin heute noch viel gefeiert und in manchem Buch gerühmt. So haben wir uns, im Sinne der *alten* Münchner, für Konrad *Dreher* (156) entschlossen. Zu erwähnen wäre noch der langjährige Publikumsliebling Rudolf *Seibold* — über die Frauen (es wären mehr als drei!) traue ich mir kein Parisurteil zu.

157—159 Auswählen — und das müssen wir schon aus Raumgründen — heißt, vielen unrecht tun, die auch eines Gedenkens wert wären. Die *Münchner Volkssänger* und ihre Stammlokale waren einmal Legion, sie sind jetzt auf ein paar »Überlebende« zusammengeschrumpft, verdrängt vom politischen Kabarett, der Kleinbühne und anderen Allerweltsunterhaltungen. Vom Papa *Geis* (157) im »Oberpollinger« haben wir schon gesprochen. Noch früher als er hat Papa *Kern* seit 1877 bei seinen Frühschoppen im Café Metropol stürmische Heiterkeit erweckt: »Jaja, de Münchner, des san Leut!«

155

156

157

konnte er noch sagen – wer hätte heutzutage Zeit für einen Frühschoppen (dem ein gutes Mittagessen, das »Viertelstündchen« auf dem Kanapee und ein Dämmerschoppen folgen)? Am Abend ging man zum Anderl *Welsch,* einem Vorläufer der »Dachauer« im Platzl. Die Komiker *Junker* und *Hönle* gingen aus seiner »Schule« hervor. Das Apollotheater in der Dachauer Straße, das Kolosseum – was vorher liegt, auch die Glanzzeit der Blumensäle, gehört schon mehr der Historie an – waren das Wirkungsfeld vieler Volkssänger; alle Lokale können wir nicht nennen, das hat Josef Maria Lutz in seinem Buch über die Volkssänger getan. Bei ihm mag man auch über den weitberühmten Karl *Maxstadt,* die Gebrüder *Albrecht,* Carl *Helmstätt,* Karl *Flemisch,* Hans *Blädel,* den *Eringer Seppl* Genaueres nachlesen, es lohnt sich. Daß es auch einen Münchner Komiker Eugen *Roth* (eigentlich Rothhäusl) gegeben hat, sei nur spaßeshalber erwähnt: Es gab viele Verwechslungen, meist zu meinen Ungunsten. Mit den Volksmusikern, etwa dem *Strasser-Kollegium* am Radlsteg oder dem Duo *Prell-Amann,* fangen wir gar nicht an; wir stellen nur die drei berühmtesten Volkssänger im Bild vor, von denen freilich Karl *Valentin* mit seiner Liesl *Karlstadt* (159) weit mehr waren, nämlich ganz große Schauspieler. Hier sehen wir sie im »Firmling«, in einer von hundert Masken des unerschöpflichen, von tiefsinnigem Humor erfüllten Paares. Aber auch *Weiss-Ferdl* (158), der im Platzl wie in New York Ruhm erntete, ist unvergessen. Aus seiner »Mannschaft« ging ein so großer Volks-

158

159

160

161

162

schauspieler wie Wastl *Witt* hervor, der nun auch schon lange gestorben ist.

160–162 Drei Männer – dreißig könnten wir nennen –, die für das geistige Leben Münchens bedeutsam geworden sind und die, wenn das Wort erlaubt ist, als Hechte im Karpfenteich der oft allzu selbstgefälligen Stadt wirkten: Georg *Kerschensteiner* (München 1854 bis 1932), der große Schulmann (160), Vorkämpfer der Arbeits- wie der Einheitsschule, der Erziehung zum Staatsbürger. Er hat Münchens hohe Geltung als einer Musterstadt für das Volksschulwesen mitbegründet.
Dr. Georg *Hirth* (1841 Gräfentonna in Thüringen – 1916 Tegernsee; Bild 161), ein Feuerkopf, ein unermüdlicher und geistvoller Verfechter wahrer Kultur, ein Publizist von Rang. Seit 1881 Herausgeber der zwar als »Kuhhaut« auch vielgeschmähten »Münchner Neuesten Nachrichten« (der Bajuware Sigl sprach in seinem bayerischen Vaterland nur von den »Hirthenknaben am Färbergraben«), vertrat Hirth mutig und temperamentvoll die freisinnige Richtung. Berühmt wurde er als Begründer der Zeitschrift »Jugend« (1895). Schließlich der »Theaterprofessor« Artur *Kutscher* (1878 Hannover – 1960 München; Bild 162), der in jeder Hinsicht zeitlebens ein »außerordentlicher Professor« geblieben ist. Er hat für die akademische Jugend mehr getan, als

163

nur Wissen vermittelt: In literarischen Abenden, bei denen fast alle bedeutenden Autoren, von Wedekind bis Däubler, persönlich vorgestellt wurden, bei Führungen und Reisen bildete sich jener »Kutscherkreis«, der über Jahrzehnte hinaus, auch heute noch, den Studenten (und Studentinnen) ein Gemeinschaftsgefühl gab, das uns in der Zeit der Kontaktlosigkeit und Vermassung besonders viel bedeuten muß.

163 Daß *Schwabing* keine Stadtgegend, sondern eine Weltanschauung bedeutet, hat sich längst herumgesprochen. Hier aber müssen wir doch die irdischen Grenzen dieses geistigen Zustandes umreißen. Alt-Schwabing war ein Dorf im Norden Münchens. Die Schwabinger Landstraße, heute Ludwig- und Leopoldstraße, führte schnurgerade darauf zu. Lange Zeit galt das *Siegestor* als die klassische Grenze. Inzwischen ist aber der Süden bis zur Theresienstraße, der Osten den Englischen Garten entlang mit einbezogen worden, und im Nordwesten ist das »steinerne« Schwabing mächtig gewachsen. Das Schwabinger Krankenhaus ist von der alten Dorfkirche fast so weit entfernt wie die Feldherrnhalle. Dies nur zur Topographie; nun aber die viel schwierigere Frage: *Wer ist ein Schwabinger?* Wenn sich ein Dichter oder Maler aus München irgendwo in deutschen Landen blicken läßt, wird ihm auf den Kopf zugesagt, daß er ein Schwabinger sein müsse, und kein Mensch will es begreifen, daß man auch innerhalb der alten Mauern oder in Nymphenburg oder in Solln wohnen kann.

Nicht jeder Münchner ist ein Schwabinger, und es gibt sogar noch Reste altbayerischen Stammes, die von den »Schlawinern« oder »Schwabyloniern« wenig halten; auch ist nicht jeder Schwabinger ein Münchner geworden, er hat nur ein paar Jahre, überwiegend Jugendzeiten, in jenen nördlichen Gegenden verlebt, zum Viktualienmarkt oder gar zum Hofbräuhaus ist er nie vorgestoßen — und doch liegt ein einzigartiger Fall von Symbiose vor, die schon einen Biologen, einen Nobelpreisträger anregen könnte, den Fall noch gründlicher zu untersuchen, als es bereits Hunderte von Schriftstellern in Tausenden von Memoiren und Zeitungsaufsätzen getan haben. Wenn auch die Wissenschaft den Begriff einer eigentlichen »Lebenskraft« nicht mehr aufrechterhält, es war doch eine »vis vitalis«, die das organische Zusammenwachsen ermöglichte — den künstlichen, anorganischen Bemühungen unserer Tage gelingt es ja kaum, dies wunderliche Gebilde zusammenzuhalten. Ohne München wäre Schwabing bestenfalls Berlin W, ohne Schwabing wäre München — nein, nur ein Millionenbierdorf wär's noch lange nicht, aber etwas Wesentliches fehlte ihm doch!

164

165

Das viel strapazierte Wort, daß Schwabing kein Ort sei, sondern ein geistig-seelischer Zustand, läßt sich heute, je nach Ansicht, erweitern oder einengen: Erweitern, wenn wir's auf die Menschen ausdehnen, die beispielsweise in Bogenhausen, jenseits der Isar, eine, allerdings weit kühlere, Kolonie gegründet haben oder die im »steinernen« Schwabing wohnen, im Westen also, den die Ur-Schwabinger erst allmählich anerkannt haben — zu schweigen von all denen, die weit verstreut in der Alten und Neuen Welt leben und die auch durch hundert Fäden mit Schwabing verbunden bleiben.

Sie waren Dauergäste im »Simpl«, sie saßen bei Papa Steinicke, sie wohnten in der Pension Romana oder Kaufmann, sie holten ihre Bücher bei Lehmkuhl und, vor allem, sie waren Mitglieder jenes schon sagenhaft gewordenen Kreises um Artur Kutscher, der der Jugend mehr geboten hat als Wissen: lebendiges, schwabingerisches Leben, Bindung über zwei Menschenalter hin. Bald ist München totgesagt worden, bald Schwabing, aber beide leben noch, wenn auch verwandelt, und, wer möchte es leugnen, mehr und mehr gefährdet. Wo unsere Großeltern *schon* und wir selber *noch* die unvergeßlichen Künstlerfeste in der Schwabinger Brauerei gefeiert haben, ragt drohend der Riesenfinger des Hochhauses in den Himmel, wo in den vornehmen Bezirken der Leopold- oder Königinstraße in guter Nachbarschaft mit den »Enormen« Hochadel und Großbürgertum wohnten — die man nicht vergessen darf! —, reiht sich ein Geschäftshaus ans andere; das echte Schwabing zieht sich zurück, ein betriebsames drängt sich vor.

Wer in den Sammlungen von Professor Dombart blättert, des getreuen Walters Altschwabinger Überlieferung, der sieht sein Gedächtnis an lang Verschollenes neu belebt. Wer durch die Kaulbachstraße geht, als alter Mann, schaut in lauter fremde Fenster, hinter denen vor fünfzig Jahren die Freunde und Freundinnen hausten — aber eine neue Jugend quillt aus den Toren der Universität und heißt uns hoffen, daß Schwabing nicht ausstirbt. Es sind sicher wieder Bohemiens unter ihnen, wie »Binscham, der Landstreicher«, Hans Reiser oder Figuren wie Hans Ludwig Held, der zeitweise so was wie ein Münchner Botschafter in Schwabing war; das »Gespensterhaus« (Leopoldstraße 3), wo der »Atem-Schmidt« seine Kuren durchführte, wo der O. C. Recht-Verlag sein karges Leben endete, wird wieder irgendwo ums Siegestor eine Nachfolge finden, und wenn auch Horst Stobbe längst nicht mehr in dieser Gegend horstet, er bleibt ein Schwabinger Pionier des Buches.

Ich selber, wohnhaft in Münchens Mitte, habe im Hause Wolfskehl und durch meinen Onkel, den Schriftsteller Gerhard O. Knoop (dem Vater der von Rilke bedichteten Wera), in der Pension Fürmann und im Kutscherkreis fast alle Prominenten Schwabings kennengelernt; der kleine Hoerschelmann war durch Jahrzehnte mein freund-feindlicher Sammelkollege, und so bin ich doch auch im weiteren Sinne ein Schwabinger.

Und da könnte ich noch sehr viele aufzählen, mit Karl Arnold angefangen und mit Max Unold noch lang nicht endend, die nicht oder nur kurz in Schwabing behaust, aber mehr vom genius loci bestimmt waren als so mancher, der dort ein Leben verbracht hat.

Den alten Münchnern jedoch sei erzählt, daß viele Jahrzehnte vor dem Aufstieg des nördlichen Dorfes das Künstlerviertel in einer ganz anderen Gegend war — ein Adreßbuch von etwa 1850 zeigt es an: die Gegend um die Schwanthalerstraße! Und wieder ein, zwei Menschenalter früher war's der Umkreis des Altheimer Ecks. Wir aber blicken vorwärts in der Hoffnung, daß unsere Söhne und Enkel nicht nur in Büchern, wie dem unseren, verschollene Sagen aus einer fremden Welt lesen, sondern allen Gewalten zum Trotz sich erhalten und die Arme der Götter herbeirufen.

164 Nicolaikirche des ehemaligen Leprosenspitals zu Schwabing an der heutigen Leopoldstraße, abgebrochen 1898.

165 Das Dorf Schwabing, ein Lichtbild aus dem Besitz von Prof. Theodor Dombart, dem bedeutenden Heimatforscher.

166 »Villa Geiss« um 1900.

167—168 *Biederstein:* Was ist alt? Was ist neu? Die Entwicklung der Stadt hat beide verschlungen oder zumindest ihres eigentlichen Gesichts beraubt: das »alte«

167

Schlößchen Biederstein, von König Max I. als einfacher Landsitz erbaut, und das »neue«, von Klenze 1830 für die Königin-Witwe errichtet. Vor dem alten Schlößchen lag ein Teich, der gewissermaßen noch ein Stück des Kleinhesseloher Sees war. Das mehr und mehr verfallende Gebäude war bis zuletzt im Besitz der herzoglichen Familie. Das neue Schloß, abgebrochen 1934, verbarg sich mehr in den Tiefen eines verwilderten Parks, der jetzt aufgeteilt ist und vielen Menschen ein schönes Wohnen bietet, wenn auch an dieser Engstelle des Englischen Gartens eine Hauptader des westöstlichen Verkehrs die einstige Märchenstille empfindlich stört.

168

169

169—170; 172 Der *Jugendstil,* von England übernommen, aber eigentlich in München geboren, hat hier wenige Spuren hinterlassen. Das wunderliche Haus (von Endell) in der Von-der-Tann-Straße (169) ist von den Nazis abgebrochen worden, die »Allgemeine Zeitung« (von Martin Dülfer, 1901; Bild 170) hat eine schlichte Fassade bekommen. Am häufigsten waren die Jugendstilhäuser im »steinernen« Schwabing; hier stehe eins aus der *Römerstraße* (172) für viele. — Ein anderes Jugendstilhaus, das nicht ganz vergessen sein will, war das Hotel *Union* in der Barerstraße, von Richard Berndl erbaut. 170

*

Das *Münchner Schauspielhaus* an der Maximilianstraße — wir müssen leider auf ein Bild verzichten, wie wir auch von den »alten« Kammerspielen in der Augustenstraße keins bieten können — war bis zu seiner Renovierung ein *reiner* Jugendstilraum, 1900 von Max Littmann und, noch wesentlicher, von Richard *Riemerschmied* gestaltet, »mit billigen Mitteln hergestellt«, wie F. P. Zauner schreibt. Die beiden modernen Bühnen haben sich längst zu den *»Kammerspielen im Schauspielhaus«* vereinigt. Otto *Falckenberg* und Hans *Schweikart* haben hier unvergeßliche Abende gestaltet. 171

171 Wann die vielen Litfaßsäulen in München zuerst aufgestellt wurden — in Berlin, wo der Drucker Litfaß sie erfand, 1855 —, wüßte ich aus dem Handgelenk nicht zu sagen. Hier jedenfalls sehen wir eine ausgesprochen münchnerische Bemühung, durch eine *Tafel im reinen Jugendstil* die wilde Plakatierung in künstlerische Bahnen zu lenken. In E. A. Fleischmanns Hof-Kunsthandlung, liebe Leser, hätten Sie seinerzeit einen Corot, Leibl oder Thoma kaufen sollen — aber Ihr Großvater hat sicher einen Lenbach oder Zumbusch erworben. Im »Ethos« vegetarisch zu essen — und man aß gut dort —, galt schon fast als übermodern. Für das Gas warb eine große Ausstellung (1914). 17

173–174 Das Wohnhaus des Malers F. A. *Kaulbach* (173) in der später nach ihm benannten Gartenstraße wurde 1887 von Gabriel von Seidl erbaut; ein München ohne Seidl wäre — bei allen Verdiensten von Thiersch, Gräßl und anderen — gar nicht zu denken.
In der Königinstraße standen vornehme Häuser, gegen Ende des vorigen Jahrhunderts errichtet, gewiß nicht mehr nach unserm Geschmack. Unter ihnen war auch das Wohnhaus der einst weltberühmten Tragödin Klara *Ziegler* (174), das sie zu einem *Theatermuseum* bestimmte, das lange Zeit das einzige seiner Art in Deutschland war.

*

Zu den Verlusten, auf die wir nicht näher eingehen können, zählt auch der des »*Volkstheaters*« in der Josephspitalstraße, in dem der zwischen Schmierenkomödiantentum und hoher Leistung schwankende Direktor Ernst *Schrumpf* lange Jahre wirkte. Die farbige Säulenfassade des Kunsttempels wird länger in Erinnerung bleiben als der Innenraum. Vor dem Ersten Weltkrieg wurde 178mal Schiller gegeben, dicht gefolgt von »Parkettsitz Nr. 10« — auch eine Erinnerung!

*

Als Alexander dem Großen auf einer qualvollen Durststrecke ein Helm voll Wasser gereicht wurde, sprach er die geflügelten Worte: »Alle können wir nicht trinken, also soll keiner trinken!« und schüttete angesichts des lechzenden Heeres das köstliche Naß auf den Boden. Auch wir möchten am liebsten sagen: »Alle berühmten Münchner können wir nicht abbilden, ja, nicht einmal erwähnen, denn sie gehen in die Tausende — also wollen wir keinen bringen!«
Aber ganz so heldisch dürfen wir nicht sein. Und so zeigen oder nennen wir doch ein paar aus der Fülle, ohne die München nicht geworden und gewesen wäre, so wie es war. »Mauern, wo Geister noch zu wandeln wagen ...«; solche Geister haben wir von Kindheit auf durch die Straßen der Stadt wandeln sehen, in der Ludwig-, in der Maximilianstraße war des Grüßens kein Ende. Von A bis Z, von Amira bis Zügel, alle haben wir sie gekannt, die Rauschebärte und Hornbebrillten, die Mächtigen und die Schmächtigen, den eleganten Lujo Brentano und, mit und ohne Bart, Karl Wolfskehl, den gewaltigen Michael Georg Conrad und den vornehmen Karl Vossler, den grimmen Wölfflin und den stierhaften Franz Stuck, die Zeichner des Simplicissimus, die Maler, die Schauspieler, die Sänger; Namen über Namen, wahllos nebeneinandergestellt, wie sie uns begegneten: der scheue Rilke und der unnahbare George (nur selten), der verbindliche Thomas Mann (»Herr und Hund«), der schmetternde Possart, der lustige Waldau, der würdige Knote, der freundliche Bender, Karl Erb, »die« Bosetti, die Willer, die Ivogün, »der« finstere Orterer wie der schwankende Ringelnatz, der streitbare Max Halbe und der reizende Hans Carossa: so bunt war die Reihe. Und immer dazwischen der Prinzregent, Ludwig III. und der Kronprinz; die Millers, die Seidls, die Großbürger alle. Auf einem offiziellen Fest gab es, vor 1933, schier keinen Unbekannten. Ich muß aufhören, das ganze Buch könnte ich anfüllen — und wenn ich erst mit den Anekdoten anfinge! Natürlich wandeln auch heute erlauchte Geister durch die Stadt, Weltberühmte, Nobelpreisträger, aber die festgefügte Welt ist zerschlagen ...

*

Unvergeßliche Gestalten sind im Lauf der Jahre still dahingegangen, wir können, um mit Stifter zu reden, nicht mehr sagen, wann wir sie zuletzt gesehen haben: den Sägfeiler, die Hofsänger, den Drehorgelmann, die Lumpensammlerinnen (mit ihrem »atonalen« Ruf: »Flaschen, Zeitung!?«, ihre noch ärmeren Genossinnen, die mit einem Kratzeisen die Tonnen durchstöberten, die Beerenfrauen, die fliegenden Viktualienhändler: »Leut, gehts raus, aus'n Haus, scheene, große, neue Kartoffeln, ganze sieben Pfund zwanzig Pfennig.« Vom billigen Jakob, von den wirklichen Originalen gar nicht zu reden. Sind doch selbst die »Kohlrabi-Apostel« verschwunden, die von den »Gammlern« unserer Zeit nicht vollwertig ersetzt werden. Sogar die echten Schnorrer und Bettler gibt's im Augenblick nicht mehr — wer weiß, ob sie wieder kommen?

174

»Die geborenen Münchner können einem leid tun, weil sie nie völlig und ungetrübt in den Genuß ihrer Stadt kommen. In jedem Jahrhundert gibt es eine neue große Welle von Zugereisten. Sie kommen und stiften Unruhe, bauen die Stadt um, begründen neue Kunstrichtungen, wollen alles nach ihrem Kopf machen und geben erst ein bißchen Ruhe, wenn es den eingesessenen Münchnern gelungen ist, ihnen endlich klarzumachen, daß ein Eisbein kein Eisbein, sondern eine ‚Surhaxe' ist, und daß ein Bierkeller kein Keller ist, sondern ein ‚Gartenrestaurant', worin man Bier trinkt. In jeder Generation spielt sich dieser Prozeß der gegenseitigen Durchdringung ab. Die Zugereisten und die Münchner modeln solange aneinander herum, bis jeder etwas vom Wesen des anderen angenommen hat.
Die einzigen, die sich dieser Kur mit Erfolg entzogen haben, waren die alten Schwabinger ... Heute hat auch dieser Stadtteil seine Schrecken verloren und ist zu einer Art St. Pauli für Süßwasserpiraten geworden. Die Zugereisten, die nach 1945 kamen, okkupierten die Leopoldstraße zwischen dem Feilitzschplatz und dem Siegestor und machten aus der breiten Straße mit den Pappeln etwas, was es bis dahin in München nicht gab, einen Boulevard, eine Avenue des Nationes, in der die Sehnsucht und das Heimweh auf und ab spazieren ...« *Walter Kiaulehn* in seinem »Geburtstagsbrief an München«.

Das Wetter, so will es scheinen, ist das einzige, was in München so geblieben ist, wie es früher war; denn schon im Wegweiser »Acht Tage in München«, 1870 erschienen, wird gejammert: »Vollkommen heitere Tage haben wir jährlich nur 17, vollkommen trübe dagegen 127, gemischte 221.« Inzwischen sind auch die Meteorologen mit genaueren Messungen der Legende entgegengetreten, das Wetter sei, wie so vieles andre, früher schöner gewesen. Freilich, gegen den Föhn waren unsre Vorfahren offenbar nicht so empfindlich wie wir. Sie klagten zwar, besonders die Damen, mehr über Migräne, aber sie werden's halt nicht gewußt haben, daß der Föhn dran schuld war.

*

Die Veränderung des Lebensgefühls hat, oft unbemerkt, zur Verwandlung der Welt, also auch Münchens und der Münchner, gewiß nicht weniger beigetragen als die sichtbare Auswechslung des Baukörpers und der öffentlichen Einrichtungen. Bei allem Beharrungsvermögen unserer Mitbürger, die Weltkriege, Putsche, Währungsumstürze, Kunstrevolutionen und dergleichen verhältnismäßig gelassen überstanden haben, ist es doch ein andersdenkendes Geschlecht geworden, das vor dem Fernsehschirm sitzt, im Auto dahinbraust und einen Flug nach Amerika für was Alltägliches hält — am Großvater gemessen, der eine Reise nach Augsburg acht Tage lang vorbereitete.

175

175–177 Das *Hofbräuhaus* gilt als der Inbegriff Münchens; doch wird behauptet, daß das meiste Bier die Fremden trinken. Die gewaltigen einheimischen Säufer, die es bis auf zwanzig Maß am Tag brachten, sind wohl ausgestorben – es waren nicht nur »Wampete«, sondern auch ganz Hagere unter ihnen. Viele Münchner sind im Lauf ihres Lebens noch keine dreimal im Hofbräuhaus, etwa in der »Schwemme«, gewesen – am ehesten gehen sie zum Maibock, gestern wie heute. Unsere Aufnahme von 1913 (175) unterscheidet sich also nur durch die Studenten und die Mode vom ewig(?) gültigen Bild. Die »tragfähigen« Kellnerinnen (176) gibt's noch!

*

Daß Verallgemeinerungen wie *»die* Engländer«, *»die* Franzosen«, *»die* Berliner« wenig taugen, hat sich herumgesprochen. Aber noch viel weniger können wir von »den Münchnern« reden – denn in der Stadt lebt nur noch eine Minderheit gebürtiger oder gar von Urväters Zeiten her ansässiger Menschen. Und wer in der Lederhose herumläuft, ist beinah sicher kein Münchner. Natürlich gibt es typische Münchner – aber welche Unterschiede machen die Festlegung auf diesen Typ fast unmöglich! Vielleicht gibt's mehr Grobiane? Vielleicht mehr »Komödispieler«? Unter den Straßenbahnschaffnern sind gewiß unfreundliche Männer, unter den Marktweibern derb-resolute Frauenzimmer. Aber bayerisch-münchnerisch kann auch das Feinste an seelischer Haltung sein, Urwüchsigkeit kann im wahrsten Sinn noch Natürlichkeit bedeuten. Oskar von Miller etwa war ein echter Münchner, er konnte die bayerische Mundart ohne Fehl, aber er war ein Edelmann von Weltgeltung. Les extrêmes se touchent: Jeder gebildete Münchner *kann* sich mit dem Mann aus dem Volke verbinden (das gilt für andere Städte auch), und dann sind die zwei in einer Übereinstimmung, die stärker ist als jede andere Gemeinschaft – bis der eine wieder Akademiker oder was immer ist und der andere, eben noch der Herr Nachbar, meilenweit entfernt ist. Das heißt man Volksverbundenheit, und die gibt's *noch* in München. Warnen möchten wir vor dem vom Fremdenverkehr gezüchteten Standard-Münchner oder gar vor dem echt oberbayerischen Seppl-Gaudiburschen. Leider gibt's den auch, sehr zum Mißvergnügen des guten Bürgers.

*

Um zugleich eine Probe echter Mundart zu bieten und einen liebenswerten Alt-Münchner vorzustellen, bringen wir eine Geschichte von Julius *Kreis:*

Erinnerungen

Ort: Sonnige Bank vor dem Spital. Zeit: Vor Kirchweih. Personen: Zwei alte Herren.

»Aber a so san s', de Leut! De moanat'n ja, sie kunnt'n nimmer sei ohne Gans auf Kirchweih. Koa Spar'n, koa Z'sammhalt'n mehr vom Gerschtl.«

»Macht mir gor nix aus, daß i jetzt koane mehr kriag. I kunnt s' a so net derbeiß'n. Na hat ma' aa nix davo'.«

»Und na' is' allweil no a Glückssach'. Legst an Haufa Geld hi' und kriagst na' an recht'n zaach'n Teifi. D' Leut verstehng'n ja heut nix mehr von Gäns. Wo sollt'n si's denn herham, de Madln, wo heut heiratn, ham ja nix mehr im Kopf wie eahnane Tolett'n und's Automobui.«

»Ham S'n scho' no' kennt, den alt'n Scheggl, no' den Expediter, auf Nummro zwölf, vorig's Jahr hat er z'sammpackt, der hat was von Gäns verstand'n! So oan' werd's weit und breit nimmer geb'n, sei Vater is ja a Ganshandler g'wen, in der alt'n Entenbachstraß' ham s' eahna Anwes'n g'habt. Is scho' lang weggriss'n. Aber der ist scho als Bua mit de Gäns aufg'wachs'n. Schad daß'n studiern ham lass'n, aber der Ehrgeiz halt, der Ehrgeiz! Mei Rosina selig hat aa was verstand'n davo', aber gega 'n Scheggl hat s' net hi'steh' könna. Mir san mit eahm all'weil auf'n Markt ganga an Kirchweih. Raus kennt hat er s' auf'n erst'n Griff, de wo mit Körndln g'fuattert war'n. War'n net vui da. An an Bach müass'n s' aufg'wachsn sei', hat er gsagt, und am besten san s' von de Müllna, weil s' da Körndl gnua kriag'n. Dem hat koa Handlerin was vorbleami'n könna! So a sieb'npfündige ham' mir allweil kaaft, bei der Frau Schleibinger, de ham s' selber zog'n. Lebt aa scho' lang nimma! Hat vui Verdruß mit de Kinder g'habt. A' Tochter ist mit an Kunstmaler verheirat. Dös war a reelle G'schäftsfrau, d' Schleibingerin, aber an Scheggl hat's doch g'schiecha. Bringa S' mir nur net allweil den daher, sagt s' zu meiner Rosina selig. Für den derfat'n Gansln vier Schlegl hom.«

»Er, der Expediter, hat si' allweil nur a Gansjung kaaft. A Jungg'sell und jed'n Pfennig an sei' Briafmark'n-sammlung hi g'hängt. Hat halt jeder seine Idealle. Sei' Jungs hat er si' selber herg'richt. A solche Soß wer'n S' no kaam kriagt ham. Er hat si' selber kocht, wissen S'. Des mög'n ja d' Hausfrau'n net gern. Bei der Hacklin hat er g'wohnt. Aber sie hat aa nix sag'n mög'n, weil er ihr an Teller von der Soß geb'n hat, und sie hat oft g'sagt: I sag's, wia's is, i bring s' net so z'samm, das Gansjung. An dem is a Koch verlor'n ganga, am Scheggl, der hätt' in de' größt'n Hoteller sei' könna! Mei Rosina selig hat eahm allweil a paar Küachl nüberg'schickt, aus G'fälligkeit, weil er uns de Gans verrat'n hat. Mir hätt'n eahm ja ganz gern was von der Gans aa geb'n, aber wissen S' ja selber, was an ana Gans dro' is – da ko' ma' net lang mit'm Verteil'n o'fanga'.«

(In Erinnerung verklärt:) ». . . an an Bach sollt'n s' halt aufg'wachs'n sei' und mit Körndl g'fuattert . . .«

178

178 *Münchner Kunst*
Berliner: »Mit der Münchner Kunst ist nischt mehr, Berlin is jetzt die deutsche Kunstmetropole!«
Münchner: »So, so!«
Berliner: »Un' besseres Bier wird in Berlin ooch schon jebraut!«
Münchner: »Hanswurscht, damischer, daß i dir dei' freche Goschen net recht herhau!«
(Th. Th. Heine im »Simplicissimus«)

179–180 Wer gute Augen hat oder eine Lupe zu Hilfe nimmt, kann auf unserer Speisenkarte genau feststellen, was die Münchner vor dem Ersten Weltkrieg gegessen und was sie dafür bezahlt haben. Mit Absicht haben wir nicht eine Karte des Mathäser oder der großen Kellerwirtschaften gewählt, wo alles noch viel billiger war, sondern ein Weinhaus im altdeutschen Stil, wie er auch auf der Speisenkarte selbst zum Ausdruck kommt. Daß dabei die Portionen weit größer waren, soll nicht vergessen werden, wie andererseits auch zu bemerken ist, daß ein Gast bei den damaligen Gehältern auch was verlangen konnte für sein Geld. Wenn er bescheiden war, konnte er, einschließlich eines Schöppleins Pfälzer für dreißig Pfennige, auch in einem guten Restaurant, für nicht viel mehr als anderthalb Mark satt werden, in einem gewöhnlichen Wirtshaus kostete das Mittagessen sechzig bis siebzig Pfennige; ein »kleines Bier« gab's freilich noch nicht, eine Halbe wurde ihm meist auch unverlangt hingestellt. Daß München damals besonders preiswert war, beweist der Ausspruch unseres Onkels aus Wien: »Bei euch muß man ja bis Mitternacht aufbleiben, bis man einen Gulden angebracht hat!«

*

Ein richtiger altbayerischer Mann, wie mein Großvater, ging viel seltener ins Wirtshaus, als sich viele Leute nachträglich vorstellen. »I bleib dahoam, solln de andern aa dahoam bleib'n!« war sein Wahlspruch. Dafür kamen aber gelegentlich gute Freunde zu einem kleinen Abendplausch – einer Art »Hoagascht« – in die bescheidene Wohnung; und die konnten essen und trinken, was sie wollten: Die Großmutter oder die Magd fragten sie nach ihrem Begehr, vom Leberkäs bis zur abgebräunten Kalbshaxen – und das wurde dann nebenan in der »Walhalla« geholt – selbstverständlich auf Rechnung des Gastes. Es war auch üblich, daß der Besucher von auswärts den Hausherrn ins Wirtshaus einlud und für ihn zahlte.

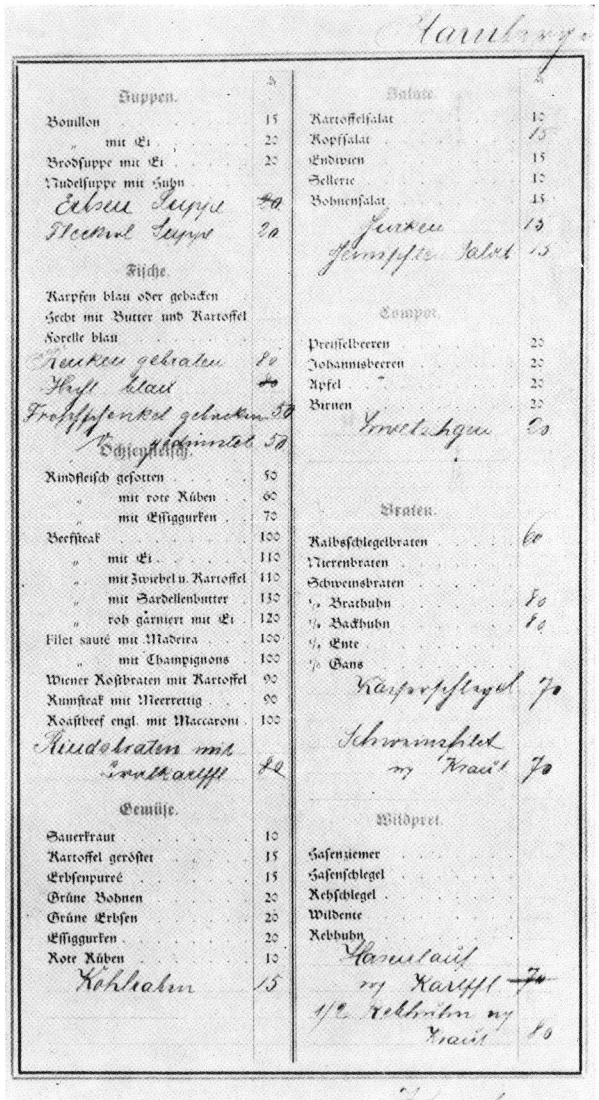

179
180

181 Das Königszelt, aus dem stets der Landesvater nebst zahlreichen Mitgliedern der königlichen Familie das berühmte »Rennats« verfolgte; auch die großartige landwirtschaftliche Musterschau wurde vom Fürsten eröffnet.

182–187 Drei Männer, ohne die das Oktoberfest nicht zu denken war – und es lebt doch weiter, freilich nicht mehr so schön!: Der Schausteller Carl *Gabriel* (182; der auch ein Pionier des Kinos war und der auf die »Wies'n« jedes Jahr andere »Wilde« brachte), der Wiesenwirt *Steyrer-Hans* (183), der stärkste Mann der Welt, und der unvergeßliche *Schichtl* (184), in dessen Bude man sich köpfen lassen konnte. Genannt seien noch der Wirt Michael Schottenhamel, die Fahrunternehmer Haase und Stehbeck und der berühmte Hagenbeck mit seiner Menagerie.
Der OB »Wimmer-Damerl« (186) als kunstgerechter Anzapfer – aber sein Nachfolger, Hans Jochen Vogel, kann's gradsogut: Also wenigstens hier eine Hoffnung, daß die Gemütlichkeit in München nicht ausstirbt.

*

Das berühmte Münchner *Oktoberfest* ist, aus einer uralten Überlieferung der Pferderennen (1437), im Jahre 1810 anläßlich der Vermählung des Kronprinzen Ludwig mit der Prinzessin Therese von Sachsen-Hildburghausen neu erstanden. Es ist also von je ein Tag (später erst vierzehn Tage) des Hofes, der Bürger und der Bauern gewesen, fern von Schwabing. Schon durch den Wegfall des Königshauses ist es nicht mehr so, wie es war. Mehr und mehr hat es sich auf die großen Bierzelte umgestellt, die vielen kleinen Schausteller und Fieranten sind ins Hintertreffen gekommen; die Menschen sind andere Attraktionen gewöhnt, wer will noch schießen, Karussell fahren, türkischen Honig essen oder die fragwürdigen Wunderbuden betreten? Gleichwohl ist »die Wies'n« ein einmaliges Erlebnis geblieben, »Gaudi ohne Raudi« – was in einer Großstadt schon viel besagen will. Wie's wirklich war, sei in Versen erzählt:

Oktoberfest

Zu Münchens schönsten Paradiesen
Zählt ohne Zweifel seine Wiesen.
Im Frühling, Sommer, auch im Winter
Ist allerdings nicht viel dahinter,
Da ist sie nur ein weiter Plan,
Ein Umweg für die Straßenbahn.
Jedoch im *Herbst* ist dieser Platz
Des Münchners wundervollster Schatz.
»Auf geht's«, mit dieser Lustfanfare
Eröffnet man in jedem Jahre
Das Volksfest, welches hochgepriesen,
Der Münchner bündig nur nennt »D'Wies'n«.

181

Doch schau, was kommt am Schluß heraus?
Der Bierpalast mit Hendlschmaus,
Wo ungeheure Blechmusiken
Den Lärm durch Rauch und Bierdunst schicken
Und wo die Menge brausend schwillt,
Vom Bier zum Teil schon ganz erfüllt,
Teils erst vom Wunsch, erfüllt zu werden,
Doch durchwegs selig schon auf Erden.
Es laufen Kellnerinnen emsig
Durch alle Reih'n, wo wild und bremsig
Die Menge ohne Unterlaß
Sich heiser schreit nach einer Maß.
Zwölf Krüge an den Brüsten säugend,
Wirkt solche Wunschmaid überzeugend.
Wer zählt die Völker, kennt die Namen,
Die gastlich hier zusammenkamen?
Von Augsburg und vom Isengau,
Von Freising, von der Hallertau,

1

1

Aus Franken, Schwaben, Sachsen, Hessen,
Die Preußen selbst nicht zu vergessen,
Doch will das Volk zum Bier auch Spiel,
Drum sucht man noch ein andres Ziel;
Man stürmt die Wunderstadt der Buden
Mit Löwenmenschen, Botokuden
Und ist schon tief hineingeraten
In Zauberwälder von Plakaten,
Die in phantastisch grellen Bildern
Die Märchenwelt der Wiesen schildern.
Hier ist ein Zwillingspaar verwachsen,
Aus Siam oder nur aus Sachsen,
Die Seekuh ist halb Fisch, halb Weib,
Die Dame ohne Unterleib
Wetteifert mit der Pantherdame,
Usamba-Wamba ist ihr Name,
Der wonnevoll nach Wüste schmeckt,
Ihr ganzer Leib ist braun gefleckt;
Ein Schlangenmensch grotesk sich renkt,
Beim Schichtl sich das Fallbeil senkt.
Kurzum, was grauenvoll und selten,
Wird angepriesen vor den Zelten,
Bis, was der Vorhang tief verbirgt,
So zwingend auf die Neugier wirkt,
Daß wir uns ahnungsvoll und schauernd
(Erst hinterher das Geld bedauernd)
Hindrängen, um, hineingebeten,
Das Innere staunend zu betreten.
Man sucht sich alsdann als Stratege
Nach Kräften immer neue Wege.
Hinweg von Flöh'n und Marionetten
Und Wachsfigurenkabinetten,
Heraus jetzt aus den wilden Dünsten
Von Papa Schichtls Zauberkünsten,
Zu neuem Ziel hinauf, hinan,
Hinein in eine Achterbahn!
Man fühlt sich sanft emporgehoben
Und sieht die Lichterstadt von oben,
Wie alles glänzt und dampft und braust,
Bis unverhofft man abwärts saust
In Stürzen, wollustangsterregend,
Besonders in der Magengegend.
Wie herrlich da die Weiber kreischen,
Indes verzückt in fremden Fleischen
Im selig-wirren Klirren, Schwirren,
Die Männerhände sich verirren.
Wie schnell macht solche Fahrt gefährtlich,
Man wird zu zweien schon recht zärtlich,
Und mancher legt um manches schlanke
Gewölbe die Beschützer-Pranke.
Das ist die hochberühmte Zeit
Der Münchner Urgemütlichkeit.

Wo an den bunt besetzten Tischen
Die Unterschiede sich verwischen,
Die Herkunft, Bildung, Geld, Beruf
Dem Menschen oft zum Unheil schuf.
Der Maurer hockt bei dem Professor,
Und zwar je enger, um so besser,
Und auch die andern sitzen da,
Mit Leib und Seel' einander nah.
Nicht lästerlich und liederlich,
Nur schwesterlich und brüderlich.
Man sucht sich wild ins Volk zu mengen,
Sich in die andern einzuhängen.
Schiffsschaukelorgelorgien rasen
Mit Trommeln und Trompetenblasen,
Sirenenheulen, Schiffsgebimmel
Stürzt unabsehbar mit Gewimmel
Zu ewig neuer Lust entfacht
Die Menge in die Wiesenschlacht.
Es blitzt von Purpur, Perlenflitter,
Die Schweinswurst raucht am glühnden Gitter,
Die Rösser stampfen stolz und schwer,
Die Banzen rollen prächtig her,
Der Kasperl krächzt »Seid's alle da?«
Und tausendstimmig jauchzt es: »Ja!«
Und ringsum brodelt's, brandet's, gaukelt's,
Und rollt's und rutscht's und schießt's und schaukelt's.
Das Jahr ist lang, die Wies'n kurz,
Hinein denn in den wilden Sturz!
Zufrieden jauchzet groß und klein:
»Hier bin ich Mensch, hier darf ich's sein!«

*

Das Schlußwort geben wir, galanterweise, einer Dame, der unvergeßlichen *Ricarda Huch,* die in München gelebt und es wahrhaft erlebt hat:

»Stadt der Bergluft und des südlichen Himmels. Pfeiler der Brücke zwischen Deutschland und Italien, Stadt der Bierkeller und weihrauchgefüllten Kirchen, der knurrenden Beamten, der schönen Bürgertöchter, der ungeschlachten Bauern, der bacchantischen Schwabinger, wo der Trambahnschaffner die Wogen des Verkehrs mit Humor glättet, wo der Haidhausener sein Bett und der Maler seinen Pinsel versetzt, um König des Faschings zu werden, wo der Dienstmann und der Professor und der Künstler und das Kind zusammen vor dem Kasperltheater stehen, Stadt der Gegensätze, wie ein lebendiges Herz sie vereinigt, farbiges, festliches, ländliches, bier- und schönheitsseliges München! Mögest du nie deinen Rückgang so weit überwinden, daß du anstatt des Ochsens auf der Oktoberwiese das Goldene Kalb bekränzest, mögest du immer die Heimat derer bleiben, die keinen Zweck inniger verfolgen als leben und erleben.«

Abschied vom Leser

Vom Ernst des Lebens halb verschont
Ist der schon, der in München wohnt!
Ein Spruch von mir, der *fast* noch wahr,
Doch wertgemindert Jahr für Jahr,
Weil es in der Millionenstadt
Nicht mehr viel alte Münchner hat.
Für alle, die Altmünchen lieben,
Hab ich nun dieses Buch geschrieben,
Das unsre Heimat, wohl bebildert,
Seit der Jahrhundertwende schildert.
Wer mag, soll darin schaun und lesen,
Wie München kürzlich noch gewesen.
Doch eh wir recht uns drauf besonnen,
Hat auch die Zukunft schon begonnen.
Und während, lebend noch im *Gestern,*
Das München wir von *heute* lästern,
Macht die Olympiastadt von *morgen*
Selbst Fortschrittseifrern schwere Sorgen.
Dies Buch, voll Wehmut – nicht voll Zorn,
Nimmt manche Sünden zwar aufs Korn;
Doch, wenn es auch kein Buch zum Lachen,
Wird hoffentlich viel Freude machen
Die jüngste Gabe, die ich bot
Als alter Münchner

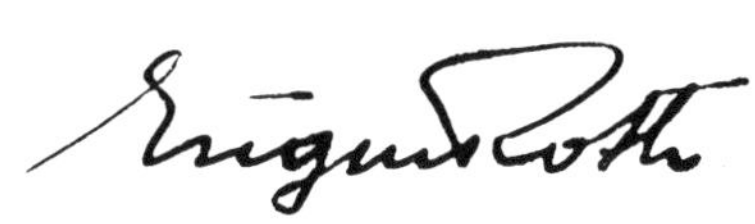

Bildquellennachweis

Autor und Verlag danken den im folgenden genannten Archiven, Institutionen, Verlagen und Privatsammlern für die bereitwillig und freundlich gewährte Unterstützung mit Bildvorlagen:
Bruckmann Verlag KG, München (15 Abbildungen, aus den Bänden »München und seine Bauten«, »Lebendiges München«, »Die Ausstellung München 1908«, »Bayerns Märchenkönig«); Deutsches Museum München (10); Professor Theodor Dombart (11); Walter Dorn Verlag, Bremen (1); Fackelträger-Verlag, Hannover (1); Franz Hailer (1); Kester-Bavaria, Gauting vor München (16); Verlag Münchner Leben (2); Münchner Stadtmuseum (37); Münchner Verkehrsbetriebe, Bildarchiv (8); Dr. Rudolf Pfister (1); Erich Seemann (1); Foto Silchmüller (1); Stadtarchiv München (31); Bilderdienst Süddeutscher Verlag (9); Karl Thiemig – Graphische Kunstanstalt und Buchdruckerei KG, München (7; aus dem Band »Allotria – Ein halbes Jahrhundert Münchner Kulturgeschichte«); Verwaltung der staatl. Schlösser, Gärten u. Seen, München (10). – Bei den übrigen Bildvorlagen handelt es sich um Privatphotos sowie um Aufnahmen aus dem Privatarchiv des Verfassers und dem Archiv des Droste Verlages.